Bettina Eikemeier

Zu den Römern und zurück
Eine abenteuerliche Zeitreise

Bettina Eikemeier

Zu den Römern und zurück

Eine abenteuerliche Zeitreise

Mit Illustrationen von Karin Lindermann

Hase und Igel®

Für Lena und Ben

Für Lehrkräfte gibt es zu diesem Buch
ausführliches Begleitmaterial beim Hase und Igel Verlag.

© 2017 Hase und Igel Verlag GmbH, München
www.hase-und-igel.de
Lektorat: Anna Schultes
Druck: CPI – Ebner & Spiegel, Ulm

ISBN 978-3-86760-240-2
1. Auflage 2017

Inhalt

Erstes Kapitel, in dem ich immerhin nicht in den Latrinen lande

„Hannah, wo bleibst du denn? Warum müssen heute immer alle auf dich warten?"

Herr Werners Stimme klingt extrem genervt. Was der wieder hat? Vermutlich Krach mit seiner Frau oder so. Aber da wir gestern einen unangekündigten Mathetest geschrieben haben, der sicher noch nicht korrigiert ist, will ich ihn lieber nicht reizen. Schnell springe ich über den Gesteinshaufen, der mal eine römische Küchenwand war, und setze mein interessiertestes Gesicht auf. Einen weiteren Fünfer sollte ich mir am Schuljahresende nicht einhandeln.

Wobei ich den mit dem Einser in Geschichte ausgleichen könnte, oder? Geschichte ist echt mein Ding, aber irgendwie kann ich mich heute nicht richtig konzentrieren. Könnte eventuell an Leo liegen, der mit seinen neuen Kontaktlinsen plötzlich ziemlich cool aussieht. Ist mir bisher nicht aufgefallen, dass er so schöne blaue Augen hat und …

„HANNAH!"

Ups, schon wieder gepennt – ich muss mich eindeutig zusammenreißen. Ich renne den anderen hinterher, die jetzt bei ein paar Steinsäulen stehen.

Wo war ich? Ach ja, Geschichte. In meiner Familie gibt es eine Art Genmutation. Schon meine Ururoma hatte einen Zeitwandertick und sie war wohl nicht die Erste in der Verwandtschaft. Ich scheine den geerbt zu haben. Vor einigen Monaten bin ich nämlich bei einer Burgführung im Mittelalter gelandet. War klasse – vor allem hinterher, denn da hatten wir das Thema Mittelalter in Geschichte.

Meine Familie war allerdings ganz schön in Aufruhr. Da hätte ja weiß Gott was passieren können! Mama hat mich vorsichtshalber zum Judotraining angemeldet und da Papa Arzt ist, hat er mich mit so ziemlich allem vollgepumpt, was weltweit an Impfstoffen hergestellt wird. Außerdem bringt er mir Erste Hilfe bei.

Opa hat mir geraten, mich in Geschichte noch mehr reinzuhängen, und die Zahl der Wanderrätsel schlagartig erhöht. Wanderrätsel sind Denkaufgaben, die mein Großvater mir stellt, wenn wir zusammen mit seiner Hündin Whisky Gassi gehen. Auf die Art kriegt man selbst mich zum Laufen.

Oma hat angefangen, Kräuter im Garten zu pflanzen, die zu kennen irgendwann mal hilfreich sein könnte. Außerdem hat sie mir alle Geschichten über Ururoma erzählt. Es beruhigt mich, dass meine Ururgroßmutter im selben Raum, in dem sie verschwunden ist, auch immer wieder aufgetaucht ist.

Die ersten Wochen nach der Mittelaltertour habe ich miserabel geschlafen, aber mittlerweile geht es wieder. Bisher ist nichts Aufregendes mehr passiert und Oma sagt, es habe Familienmitglieder gegeben, die nur ein einziges Mal in die Vergangenheit gereist seien.

Trotzdem waren Oma und Mama sehr nervös, als sie mitbekommen haben, dass wir unseren Ausflug zum Schuljahresabschluss zu den römischen Ausgrabungen nach Hechingen-Stein machen. Ich zuerst auch, aber wir sind schon fast zwei Stunden hier und bislang ist nichts Ungewöhnliches vorgefallen. Ich musste versprechen, meinen von Mama gepackten Rucksack immer aufzubehalten und mich nicht von der Gruppe zu entfernen. Apropos, wo sind die eigentlich schon wieder alle?

Ah, bei den Latrinen. Hier will ich ganz sicher nicht durch eine Zeittür gehen. In einer Reihe sieht man vier runde Löcher, ohne Abtrennung dazwischen. Der Führer erklärt, dass man nebeneinander auf dem Klo saß, die Tunika um das Loch drapiert, damit man den Hintern nicht sah. Das klingt noch weniger attraktiv als das „heymliche Gemach" im Mittelalter. Das war zwar ein Plumpsklo, bei dem alles ins Freie fiel, mit Stroh als Klopapier, aber da war ich wenigstens allein.

Der Spruch „sein Geschäft verrichten" komme aus der Römerzeit, sagt der Führer. Die ganze Pampe spülte man in einem Rohr den Berg hinunter. Dazu habe man vermutlich Bachwasser oder das gebrauchte Badewasser benutzt. Als er mit einem Holzstab wedelt, an dem oben eine Art Schwamm befestigt ist, und fragt, was das denn wohl sei, schwant mir, dass es jetzt eklig wird. Und ja, das ist es, denn das war der Klopapierersatz. Pfui Teufel!

Der Führer beendet seinen Vortrag und wir bedanken uns – nach strafenden Blicken von Herrn Werner – mit einem höflichen Applaus. Bevor der Führer sich verabschiedet, wendet er sich etwas verärgert an ein paar meiner Klassenkameraden: „Wenn ihr die Kostüme bitte wieder ins Museum bringen würdet …"

Sie haben sich Tuniken und Umhänge übergezogen, die man eigentlich nicht mit ins Freie nehmen darf. Warum sind Jungs in meinem Alter nur so entsetzlich kindisch?

Herr Werner schickt sie ins Haus, wohin sie sich maulend verziehen. Uns anderen gibt er ein paar Minuten frei, bevor wir zurückfahren. Ich werde allerdings von Opa abgeholt, weil ich übers Wochenende bei meinen Großeltern bleibe, die ganz in der Nähe wohnen. Meine Familie will sicher sein, dass ich nicht zu den alten Römern verschwinde. Wobei das sowieso keiner verhindern könnte. Aber ich habe es ja fast geschafft. Was soll jetzt noch passieren?

Meine beste Freundin Caro und ich schlendern erneut zu den Statuen. Ich habe kaum etwas mitbekommen von der Führung, aber Caro anscheinend noch weniger, denn sie fragt mich allen Ernstes, ob das der Kopf von Aphrodite sei.

„Nein, die war doch eine griechische Göttin. Das ist Venus!", gebe ich verständnislos zurück. Was ist denn mit der passiert? Caro ist sonst das Einser-Vorzeigekind. Bevor ich sie fragen kann, entdecke ich einen der Jungs, der nach wie vor seine Verkleidung anhat. Er trägt eine Tunika und sogar Sandalen, die mit Lederschnüren ums Schienbein gebunden sind. Er hat eine echt bescheuerte Frisur und ein Amulett um den Hals.

Das muss der Neue aus der Parallelklasse sein, die sich mit uns den Bus geteilt hat, denn ich habe ihn noch nie registriert. „Lass dich besser nicht in dem Aufzug erwischen", sage ich zu ihm.

Erschrocken fährt er zusammen und sieht mich verdutzt an. Weil er nichts erwidert, schiebe ich ein genervtes „Vom Werner?!" hinterher. Mann, ist der schwer von Begriff! Caro schaut mich an, ich schaue Caro an, wir kichern und verschwinden aufs Klo.

Am Ausgang verabschiedet sich Herr Werner von mir. „Dein Opa wartet unten am Parkplatz auf dich. Dahin kannst du laufen, oder?"

Den Mathetest im Hinterkopf versuche ich, eifrig zu nicken.

Als die anderen kurz darauf im Bus an mir vorbeifahren, winke ich ihnen zu. Gemütlich gehe ich in Richtung Parkplatz, als mir plötzlich schwindlig wird. Die Luft beginnt zu flirren. Ich wanke einige Schritte an den Straßenrand und setze mich ins Gras. Mir ist ganz heiß. Jetzt bin ich sogar froh, dass ich nicht im Bus sitzen muss. Das wäre ja megapeinlich. Ich bin doch keine von den Tussen, die dauernd umkippen, weil sie Angst vor jedem Gramm zu viel haben und deshalb nicht frühstücken. Aber wahrscheinlich hätte ich ein bisschen mehr trinken sollen.

Nach einigen Minuten und tiefen Atemzügen geht es mir besser und ich stehe langsam auf. Dann lässt mich ein lauter Schrei zusammenfahren. Ich mache einen Satz nach hinten und purzle ein Stück den Hügel hinunter. Wo kam das denn her? Ich wische mir die Hände sauber und schaue mich vorsichtig um.

Weiter oben sehe ich eine Gruppe Menschen. Sie tragen historische Gewänder und kämpfen gegeneinander. Ein heftiges Gerangel um ein Mädchen, das händeringend und schluchzend am Rand steht. Da sind richtige Schwerter im Einsatz. Puh, sieht total realistisch aus!

Erleichtert seufze ich auf. Ich habe mich ganz schön erschrocken. Dabei üben die nur für dieses Römerfest, das alle zwei Jahre im August in Hechingen-Stein stattfindet. Vor einiger Zeit war ich mal mit Oma und Opa dort. Da haben Unmengen von Laienschauspielern ein Theaterstück aufgeführt, bei dem sie verschiedene Schlachten zwischen Römern und Alemannen nachgespielt haben. Da kommen immer Tausende von Besuchern.

Witzig, wie ernst die das nehmen. Ich schaue gebannt zu und sehe, wie die Männer das Mädchen mitschleppen. Einen Verletzten lassen sie im Gras liegen und verschwinden den Berg hinauf im dichten Wald.

Ich überlege, ob ich applaudieren soll. Aber dann fällt mir Opa ein, der auf mich wartet, und ich beeile mich, zurück auf den Weg zu kommen. Komisch, ich muss deutlich weiter gestürzt sein, als ich dachte. Ich finde tatsächlich die Straße nicht wieder. Etwas verdutzt bleibe ich stehen und blicke mich um. Erneut spüre ich einen leichten Schwindel und schließe die Augen. Als ich sie öffne, liegt die Straße direkt vor mir. Was ist heute nur los mit mir?

Ich laufe den Berg hinunter, da begegnet mir nach ein paar Minuten der Tunikatyp – nach wie vor nicht umgezogen. „Hast du jetzt auch noch den Bus verpasst?", frage ich ihn. Er sieht mich wieder nur wortlos an. Mann, ist das eine Transuse!

Unten am Weg entdecke ich Whisky, die wedelnd im Gestrüpp herumschnüffelt. Offensichtlich kommt Opa mir entgegen. Als sie mich erkennt, rennt sie laut bellend auf mich zu. Was hat sie denn? Bevor ich weitergehen kann, packt der Junge mich am Arm und zerrt mich in ein Gebüsch. Hilfe!

Er schaut mich mit riesigen Augen an und fragt ganz langsam: „Wo bin ich?"

Warum gerate ich immer an solche Freaks? Nicht gerade freundlich entgegne ich: „Was ist das denn für eine bescheuerte Frage? In der Villa Rustica natürlich!"

Auf einmal fühle ich mich wieder ganz seltsam. Erneut fängt die Luft an zu flirren. Die Umgebung verändert sich und Whisky verschwindet. Oje, ich ahne, was hier los ist. Anscheinend ist es nicht immer eine Tür, die in die Vergangenheit führt. Manchmal beginnt die Reise wohl auch, wenn man mitten in der Landschaft steht. Verdammt, Ururoma, das hättest du ja mal erwähnen können!

Zweites Kapitel, in dem der Römer einfach die Fliege macht

Der Junge lässt meinen Arm los und blickt sich um. Wir stehen im dichten Wald. Seine Verblüffung weicht riesiger Erleichterung, als er kapiert, dass ER wieder zu Hause ist. Er schaut mich nachdenklich an und scheint zu verstehen, dass ich das nicht ganz so prickelnd finde. Wenn nur Whisky schneller gewesen wäre!

„Kannst du mir erklären, was hier gerade geschehen ist?", fragt er.

Nö, eigentlich nicht. Was soll ich auch sagen? „Ach, weißt du, meine Familie hat da so eine ganz eigene Art zu reisen …"?

Schweigend mustere ich ihn. Er scheint ungefähr in meinem Alter zu sein, ein wenig älter vielleicht. Ich schätze ihn auf dreizehn. Braune Haare, eine wirklich unmögliche Frisur, grün-braune Augen, eine helle Tunika mit lilafarbenen Rändern, braune Schnürsandalen, ein Amulett um den Hals. Sicher kein Sklave, so wie der angezogen ist.

Als ich im Mittelalter gelandet bin, musste ich zwei Menschen retten. Erst dann öffnete sich die Tür zurück in meine eigene Zeit. Was hat er wohl für ein Problem? Muss doch was sein, wobei ich helfen kann, sonst wäre ich ja nicht schon wieder in dieser Misere. Auch wenn Ururoma es nicht extra erwähnt hat, finde ich es doch logisch, dass es immer eine Aufgabe zu erfüllen gibt.

Also gut, gehen wir es an. Je schneller ich ihm helfe, desto schneller kann ich nach Hause. „Wie heißt du?", frage ich kurz angebunden.

Skeptisch sieht er mich an und sagt: „Ich bin Marcus Fabius Cicero. Wie lautet dein Name?"

„Ich bin Hannah." Kurz zögere ich, dann schiebe ich hinterher: „Ich komme aus dem Jahr 2017." Ich meine, was soll das Drama? Er hat doch schließlich selbst gesehen, dass meine Welt anders ist als seine. Ich wüsste sowieso nicht, was ich sonst sagen sollte.

Marcus Fabius Dingenskirchen starrt mich mit offenem Mund an. Ich hoffe wirklich, dass er nicht anfängt zu sabbern. „Du kommst woher?", fragt er ungläubig.

Gut, ich sehe ein, dass das nicht so einfach zu verstehen ist. „Ich komme aus der Zukunft. Du hast doch sicher bemerkt, dass meine Welt sich von deiner unterscheidet, oder nicht? Ich bin 2006 geboren worden und bin elf Jahre alt." Ich mache eine kurze Pause. Wahrscheinlich sollte ich etwas netter sein, vermutlich brauche ich ihn noch. „Mach dir keine Gedanken, das ist mir schon mal passiert. Alles halb so wild. Ich muss dir wohl bei irgendeiner Sache helfen, danach gehe ich wieder. Wo drückt denn der Schuh?"

Eine Ewigkeit vergeht, ohne dass Marcus antworten kann. Ich nehme an, er hält mich für bescheuert. Andererseits hat er meine Welt ja mit eigenen Augen gesehen. Also rattert es nun fröhlich in seinem Oberstübchen.

Bis er mit dem Denken fertig ist, schaue ich mich neugierig um. Wir stehen im Wald, es geht nach wie vor bergab und auch wenn die Straße zum Parkplatz nun fehlt, so kann man sich doch einbilden, dass der Unterschied nicht allzu groß ist.

Vielleicht sollte ich die Stelle markieren, an der ich hier gelandet bin? Das Gebüsch finde ich sonst nie im Leben wieder. Ich überlege fieberhaft, wie ich das machen könnte, bis mir der Rucksack einfällt, den ich unter keinen Umständen absetzen sollte. Das hat Mama mir zwischen Aufstehen und In-die-Schule-Gehen ungefähr dreißig Mal eingeschärft. Hektisch setze ich den Rucksack ab und zerre am Reißverschluss.

Meine praktisch veranlagte Mutter hat ihn gut gefüllt, das muss man ihr lassen. Vor allem, wenn man bedenkt, dass sie selbst nie eine Zeitreise gemacht hat. Außer der aktuellen Tageszeitung – wofür könnte ich die wohl brauchen? – finde ich eine Schnur, ein Taschenmesser, eine große Wasserflasche, einen Kompass, ein Fernglas, einen Kräuterführer, einen kleinen Notfallratgeber aus der Apotheke, eine Regenjacke, eine Taschenlampe, Kerzen und Streichhölzer, eine Packung Zwieback, eine Tafel Schokolade, eine Rolle Klopapier, einen kleinen Block mit Bleistift und eine Erste-Hilfe-Tasche. Das ist alles sehr beruhigend, vor allem das Klopapier, nur habe ich jetzt leider immer noch nichts, womit ich das vermaledeite Gebüsch markieren könnte.

Wegen des Rucksacks habe ich Marcus ganz vergessen. Laut hustend bringt er sich in Erinnerung. „Hannah, das war dein Name, nicht wahr?"

Schweigend nicke ich, während ich schließlich ein Stück Schnur mit dem Taschenmesser abschneide und den Rest des „Zeitreise-Notfallgepäcks" wieder im Rucksack verstaue. Ich binde die Schnur in einer komplizierten Doppelschleife um die oberste Spitze des Zeitgebüschs, atme tief durch und hoffe, dass ich es später wiederfinden werde.

Während der Römerjunge mir skeptisch zuschaut, versuche ich mir noch etwas anderes einzuprägen, für den Fall, dass meine Schleife verschwindet. Direkt daneben steht ein knorriger Baum, der zwei Stämme hat. Das muss genügen.

Jetzt widme ich mich wieder Marcus und versuche, ihm auf die Sprünge zu helfen. „Wie gesagt, Hannah, 2017. Also, Marcus … äh, wie war dein voller Name?"

„Marcus Fabius Cicero", entgegnet er mit misstrauischem Unterton.

„Gut, ich kürze das mal ab, in Ordnung? Also: Marcus!" Ohne auf eine Antwort zu warten, fahre ich fort: „In welchem Jahr befinden wir uns denn? Und was ist genau geschehen, ehe du in meiner Zeit gelandet bist? Wir haben uns im Tempelbezirk doch schon vorher getroffen, du erinnerst dich?" Weil er nicht reagiert, schiebe ich hinterher: „Mit meiner Freundin? So groß etwa?" Ich hebe die Hand auf die Höhe meiner Nasenspitze.

Er nickt zögerlich. Na immerhin.

„Also, was hast du da gemacht? Warum warst du im Tempelbezirk?"

Der Junge weicht langsam zurück und lässt mich dabei nicht aus den Augen. Plötzlich kapiere ich, dass er Angst vor mir hat, und gleichzeitig wird mir klar, dass das ganz und gar nicht hilfreich für mich ist. Er ist schließlich mein einziger Anhaltspunkt in dieser Zeit. Wie soll ich ohne seine Hilfe wieder zurückkommen?

Also gehe ich auf ihn zu, so vorsichtig, wie man sich einem fremden Hund nähert, und sage mit sanfter Stimme: „Marcus, du brauchst keine Angst vor mir zu haben. Ich tu dir nichts!"

Und obwohl er nickt, ist ihm anzusehen, dass er mir kein Wort glaubt. Als ich ihn gerade erreicht habe und beruhigend seinen Arm berühren will, zieht er ihn entsetzt zurück. Dabei reißt seine Tunika und ich sehe die von blauen Flecken übersäte Haut. Ich blicke auf das kleine Stück Stoff in meiner Hand und dann wieder auf seinen Arm. Er nutzt den Moment zur Flucht. Ruckartig dreht er sich um und rennt den Berg hinunter. Völlig aussichtslos, ihn jemals einzuholen!

Wie gelähmt schaue ich ihm hinterher. Verdammt, was mache ich jetzt? Damit habe ich überhaupt nicht gerechnet. Ich meine, der braucht doch eigentlich etwas von mir, oder? Dumm nur, dass er das offenbar gar nicht weiß.

Ich möchte nach Hause. Mir kommen ganz uncool die Tränen und ich lasse mich zu Boden sinken. Ich will zu Mama oder Oma, Opa und Whisky. Oder zu Papa und seiner Freundin Susanne. Eigentlich egal. Wäre alles super. Genau genommen wäre selbst Matheunterricht bei Herrn Werner besser, als in der Antike im Wald zu sitzen. Oder genauer gesagt im altrömischen Hechingen-Stein.

Ich frage mich, ob ich das irgendwie hätte verhindern können. Bevor ich zu einem Ergebnis komme, spüre ich heißen Atem in meinem Genick. Entsetzt will ich aufspringen, da ist Whisky auch schon über mir, schwanzwedelnd und sehr zufrieden mit sich und der Welt. Sie japst und wirft mich beinahe um vor Begeisterung.

Wie hat sie das nur gemacht? Ich falle ihr um den Hals. Sie hört auf zu hüpfen und setzt sich. Whisky schaut mich mit ihren großen Augen an, schleckt mir einmal über das Gesicht und jault. Klingt wie: „Was hast du denn gedacht? Dass ich dich im Stich lasse?"

Würde mich interessieren, ob Opa jetzt allein im Wald steht und uns beide sucht. Oder wartet er einfach, bis wir wiederkommen? Falls wir überhaupt irgendwann wiederkommen.

Ich sitze also im Wald bei Hechingen-Stein, in welchem Jahr weiß ich nicht, habe die falschen Klamotten an und fühle mich trotz gut gefülltem Rucksack der Lage nicht so wirklich gewachsen. Ohne diesen feigen Marcus komme ich vielleicht nie wieder zurück, denn er hat mich hierhergelotst, wenn auch offensichtlich nicht mit Absicht.

Es hilft alles nichts, ich muss ihn suchen. Ich bin froh, dass Whisky es zu mir geschafft hat, denn im Fährtensuchen ist sie große Klasse. Opa ist mit ihr in die Hundeschule gegangen, weil er findet, es gebe schon genug Idioten, die von Hunden keine Ahnung haben. Und weil sie sich dort so gut angestellt hat, hat er mit Fährtenlesen angefangen, damit ihr nicht langweilig wird. Was für ein Glück! Das Stück Tunika unter ihre Schnauze haltend, gebe ich ihr den Suchbefehl. Sie rennt den Berg hinunter, Marcus hinterher.

Drittes Kapitel, in dem ich Nachhilfe in römischer Geschichte bekomme

Während ich Whisky den Berg hinunter folge, überschlagen sich meine Gedanken: Was mache ich denn, wenn ich Marcus nicht finde? Und was mache ich, WENN ich ihn finde? Warum hat er Angst vor mir? Ich sehe natürlich schon anders aus als alles, was er sonst gewohnt ist. Oder war ihm seine eigene kurze Zeitreise zu viel? Was ich durchaus verstehen könnte, denn auch wenn ich das nun zum zweiten Mal mache und einen Haufen Tipps bekommen habe, finde ich es immer noch beängstigend.

Andererseits merke ich, wie sich ein kleines Flattern in meinem Bauch bemerkbar macht: Irgendwie ist es ja schon ziemlich cool, dieses Zeitreise-Gen! Und mit Whisky an meiner Seite habe ich das Gefühl, dass mir nicht viel passieren kann. Oh, gab es im alten Rom eigentlich Hunde als Haustiere? Wenn nicht, wäre es sehr aufsehenerregend, mit ihr herumzulaufen. Wobei ich im Moment in meiner Kleidung, den Schuhen und mit dem silber-schwarz-rot glitzernden Rucksack sowieso schon auffalle wie ein bunter Hund.

Völlig in Gedanken versunken, habe ich den Fuß des Bergs erreicht und Whisky prompt verloren, wie ich mit einem suchenden Blick feststelle. Ich gebe einen leisen Pfiff von mir und sie erscheint etwa hundert Meter oberhalb von mir, begeistert mit dem Schwanz wedelnd. Whisky liebt Fährtensuchen.

Ich gehe wieder bergauf, dieses Mal leicht schräg, sodass ich mich langsam in Richtung der Villa Rustica bewege. Falls es die schon gibt, aber davon gehe ich einfach mal aus. Kurz bevor ich bei Whisky ankomme, setzt sie sich in Bewegung und ich folge ihr, nun deutlich aufmerksamer. Schnell erreichen wir den Waldrand. Zu meiner Überraschung sind wir oberhalb des Gutshofs. Wie es aussieht, bin ich einen großen Kreis gelaufen.

Das ganze Anwesen ist von einer hohen Mauer umgeben. Deshalb entscheide ich mich, auf einen Baum zu klettern, um einen besseren Überblick zu bekommen. Nach kurzer Suche habe ich einen mit tief hängenden, dicken Ästen gefunden. Ich setze mich in eine Astgabel, während Whisky hechelnd eine Pause unter dem Baum einlegt.

Viel Betrieb im alten Hechingen-Stein! Ich hätte bei der Führung wirklich besser aufpassen sollen. Immerhin weiß ich aber, dass der römische Gutshof sehr viel größer und bedeutender gewesen sein soll, als vor einigen

Jahrzehnten bei seiner Entdeckung zunächst angenommen wurde. Es sind bislang nicht alle Gebäudereste gefunden worden, manche werden nur aufgrund der Beschaffenheit des Geländes vermutet. Es ist geplant, noch viele Jahre lang weiterzugraben. Ja, Leute, ich würde sagen, macht das mal! Das Ding ist so berühmt, dass es sogar in einem Asterix-Comic auftaucht.

Unser Führer meinte, eine Villa Rustica sei normalerweise als eine Art Bauernhof errichtet worden, um die Bevölkerung und die Soldaten mit Lebensmitteln zu versorgen. Hechingen-Stein soll aber kein rein landwirtschaftlicher Betrieb gewesen sein, weil dazu die Bodenqualität zu schlecht ist.

In natura ist der Hof auf jeden Fall riesig und ziemlich beeindruckend: Es gibt Häuser in unterschiedlichen Größen und Bauarten. Manche sind aus Stein, manche aus Holz. Sieht sogar ähnlich aus wie der Nachbau, nur mindestens doppelt so breit. Zwei hohe Ecktürme beherrschen das Haupthaus. Große Teile des Geländes sind bepflanzt, überall entdecke ich Beete und mit Hecken oder kleinen Mauern abgegrenzte Bereiche mit allen möglichen Gewächsen.

Links oberhalb des Haupthauses ist ein weiterer Gebäudekomplex über einen Säulengang angeschlossen. Wenn mich nicht alles täuscht, waren dort die Baderäume mit den Latrinen. Ach herrje, die Latrinen! Das muss wirklich nicht sein. Da geh ich lieber in den Wald.

Die Mauer rundherum ist sicher über zwei Meter hoch. An zwei Seiten gibt es Eingangstore. Durch eines werde ich wohl gehen müssen, gesetzt den Fall, dass Marcus das ebenfalls getan hat.

Was wiederum Whisky herausfinden muss. Ohne sie wäre ich aufgeschmissen. Ich atme tief durch, versuche eine aufsteigende Panikattacke zu unterdrücken und hüpfe vom Baum. Dann halte ich der Hündin noch einmal den Stoff zum Schnuppern unter die Nase und gehe hinter ihr her in Richtung des Tors auf der Westseite.

Es ist besser, wenn ich mich im Hintergrund halte, bis ich weiß, was ich tun soll. In meinen eigenen Klamotten kann ich unmöglich durch das Tor spazieren und dem Wachmann freundlich zunicken. Als Erstes brauche ich andere Kleidung und ein Versteck für meinen Rucksack.

Ohne Vorwarnung biegt Whisky rechts ab. Verdutzt folge ich ihr und stolpere beinahe über Marcus, der unter einem Baum in Sichtweite der Mauer kauert und das Gesicht in seinen Armen vergraben hat. Whisky legt sich ohne einen Laut neben ihn und zeigt an, dass sie erfolgreich war. Wie sie es in der Hundeschule gelernt hat.

Marcus schaut hoch und will aufspringen. Doch als Whisky ihren dicken Kopf auf sein Knie legt, friert er mitten in der Bewegung ein und lässt sie nicht aus den Augen. „Wie hast du mich …? Was willst du denn nur von mir?", fragt er unsicher.

Ich lasse mich vorsichtig neben ihn auf die Knie sinken. Jetzt bloß keinen Fehler machen! „Marcus Fabius Cicero, hab keine Angst vor mir!", sage ich nach einer kurzen Pause mit beruhigender Stimme. „Bitte! Mir ist klar, dass das alles unheimlich wirkt, und ich kann dir auch nicht erklären, wie das mit den Zeitreisen genau

funktioniert. Ich hab keine Ahnung, warum ich ausgerechnet auf dich getroffen bin und was ich hier tun soll. Ich weiß aber, dass ich ohne deine Hilfe ganz sicher nie wieder zurück nach Hause kommen werde. Verstehst du das?"

Er sieht mich an, ohne eine Reaktion zu zeigen. Einige Minuten vergehen und ich habe keine Ahnung, was ich jetzt sagen oder tun soll. Da stupst Whisky ihn sanft mit der Schnauze. Sie blickt ihn mit ihren treuen Hundeaugen an und ich kann förmlich zuschauen, wie seine Angst schmilzt.

Schließlich lächelt er und streichelt sie hinter den Ohren. Dann wendet er sich an mich: „Zunächst einmal, mein voller Name lautet zwar Marcus Fabius Cicero, doch gerufen werde ich Cicero. Wir sind hier in Obergermanien, im Jahr 1012 seit der Gründung Roms."

Merkwürdig, waren die Römer im Jahr 1012 immer noch da? Ich dachte, das Römische Reich sei viel früher untergegangen. Als ich im Mittelalter gelandet bin, war 1476. Es kann doch nicht sein, dass nur 464 Jahre zwischen den alten Römern und dem späten Mittelalter liegen!

Dann schlage ich mir an die Stirn. Natürlich! Die müssen eine andere Zeitrechnung haben als wir. Cicero hat ja auch „seit der Gründung Roms" gesagt. Vermutlich hat sich die christliche Zeitrechnung bislang nicht durchgesetzt.

„Hat dein Name eine spezielle Bedeutung, Marcus Fabius Cicero?", frage ich, nachdem ich mich wieder gefangen habe. Machen wir erst mal ein bisschen Small Talk.

Cicero lächelt, er scheint sich tatsächlich zu entspannen. „Marcus ist mein Vorname, Fabius ist der Familienname. Aber da bei uns mehrere Marcus Fabius heißen, hängt man in der Regel noch einen Beinamen an, damit man uns leichter unterscheiden kann. Irgendetwas, das zu der Person passt. *Cicer* bedeutet Kichererbse."

„Das heißt, du bist ein fröhlicher Mensch? Also, ich meine, wenn du nicht gerade von Besuch aus der Zukunft überrascht wirst?", frage ich und zwinkere ihm zu.

Er nickt. „Ich habe den Namen von meinem Vater geerbt. Und er von seinem. Zu Vater passt er allerdings kein bisschen." Plötzlich grinst er. „Der Bruder meiner Mutter hat den Zusatz Crassus, also der Dicke. Und DAS stimmt!"

Wir lachen, dann verfallen wir wieder in Schweigen. Aber dieses Mal ist es nicht unangenehm, wir hängen einfach beide unseren Gedanken nach. Als ich aufschaue, merke ich, dass er mich beobachtet.

„Hannah, wie meinst du das, du kommst aus der Zukunft? Wie soll so etwas gehen? Kannst du einfach durch die Zeiten spazieren, wie du möchtest? Wie machst du das? Ist das nicht gefährlich?"

Ich versuche, ihm möglichst sinnvoll zu erklären, was da mit mir passiert. Obwohl ich das ja eigentlich selbst nicht so genau weiß. Ich erzähle ihm vom Ausflug ins Mittelalter. Meine zeitreisende Ururoma lasse ich weg. Es ist auch ohne Familientick schon kompliziert genug. Sein Blick verrät, dass er nicht ganz glauben kann, was er da hört. Wirklich übel nehmen kann ich es ihm nicht. Aber was soll ich machen – ich habe mir das ja nicht ausgesucht, oder?

Als ich bei dem Teil der Geschichte ankomme, an dem er zum ersten Mal auftaucht, wird Cicero sehr aufgeregt. Er nickt heftig, als ich schildere, wie ich ihn mit Caro zum ersten Mal gesehen habe und dachte, er gehöre in die Nachbarklasse.

Dann fragt er zweifelnd: „Wie konntest du mich denn mit einem Kind aus deiner Zeit verwechseln?"

Da hat er im Nachhinein betrachtet nicht ganz unrecht. Wenn ich ihn näher anschaue, kann ich mir das jetzt auch nicht mehr so richtig erklären. „Ich dachte eben, du hättest dich verkleidet und würdest Römer spielen", versuche ich mich zu verteidigen. Aber das war wohl nicht die Antwort, die er hören wollte, wie sich an seinem Gesichtsausdruck sofort ablesen lässt.

„Römer SPIELEN?", zischt er wütend. „Spielen? Wofür haltet ihr euch in der Zukunft? Seid ihr etwas Besseres? Ein römischer Bürger zu sein ist äußerst ehrenvoll und ein Großteil der Menschheit wünscht sich nichts sehnlicher als das! Spielen, ha!"

Fehlt nur noch, dass er mir vor die Füße spuckt.

„Du hast natürlich recht. Wenn ich etwas aufmerksamer gewesen wäre, dann hätte ich erkennen müssen, dass du ein richtiger römischer Junge bist." Hätte ich wirklich – mit so einer Frisur wäre man heute auf jedem Schulhof die Megalachnummer. Aber das ist eine Information über die Zukunft, die ich wohl besser für mich behalte. „Entschuldige, ich wollte dich nicht beleidigen oder so. Ich …" Wie erkläre ich ihm nur, dass das großartige Römische Reich in meiner Zeit schon lange untergegangen ist? Ohne dass er komplett ausflippt? Wie muss es auf ihn wirken, dass von der Villa Rustica kaum noch etwas übrig ist – von dem Ort, an dem er lebt und auf den er so stolz ist? Ich setze neu an: „Weißt du, ich war mit meiner Klasse auf dem Gelände, wo sich in deiner Zeit der römische Gutshof befindet. Aber in meiner Zeit steht der Hof … nicht mehr, verstehst du? Da sind nur … Mauerreste und Scherben. Und …"

„Mauerreste?", unterbricht er mich entsetzt.

Tja, sag ich doch, das ist bestimmt nicht so schön zu hören. Ich nicke und bin unsicher, wie ich weitermachen soll. „Also, Cicero, deine und meine Zeit liegen mindestens tausend Jahre auseinander. Es gibt nicht viele Häuser, die da stehen bleiben würden, nicht? Und in meiner Zeit hat man zufällig entdeckt, dass im Wald ganz viele Spuren von deiner Zeit zu finden sind, wenn man an der richtigen Stelle … gräbt."

Cicero wird etwas blass und schweigt betreten.

Vorsichtig fahre ich fort: „Man hat ein Museum errichtet, um sich an die ruhmvollen Zeiten des Römischen Reichs zu erinnern und sie zu erforschen. Und dort kommen Schüler aus ganz Baden-Württemberg hin." Als er mich fragend ansieht, schiebe ich hinterher: „Obergermanien heißt heute Baden-Württemberg." Keine Ahnung, ob das stimmt, aber egal!

Sich die Zukunft vorzustellen, scheint noch schwerer zu sein, als mit der Vergangenheit klarzukommen. Schließlich habe ich wenigstens schon mal von den Römern gehört und war vor einer Weile mit Mama in Pompeji. Dort kann man die Ausgrabungen der antiken Stadt besichtigen, die vor fast zweitausend Jahren bei einem Ausbruch des Vulkans Vesuv komplett verschüttet wurde.

Die Vorstellung, dass die eigene Kultur Jahrhunderte später zum Forschungsgebiet wird, ist sicher nicht so leicht zu ertragen. Ich habe das Gefühl, ich muss wirklich aufpassen, was ich sage und was ich besser für mich behalte.

„Hat dein Amulett eine Bedeutung oder ist das nur Schmuck?", frage ich, um ihn auf andere Gedanken zu bringen. Oje, ist das auch ein explosives Thema? Offensichtlich, denn er schaut schon wieder so beleidigt.

„Das ist die Bulla", erklärt er mir hoheitsvoll. „Jedes frei geborene Kind wird nach der Geburt untersucht und zum Vater gebracht, wenn alles in Ordnung ist. Sobald dieser es auf den Arm nimmt, gilt es als anerkannt und ein Junge bekommt seine Bulla. Die er trägt bis zur Mannwerdung."

Ich verstehe nur Bahnhof und schaue ihn fragend an.

„Mit dem Erreichen der Volljährigkeit erhält ein Junge die *toga virilis*, also die Toga des Mannes, und übergibt seine Kinderkleidung und das Spielzeug den

Schutzgeistern. Die Bulla wird dann ebenfalls abgelegt. Das werde ich nächstes Jahr tun."

Was eine Toga ist, weiß ich schon. So eine Art Mantel oder Kleid. Die gab es im Museum zum Anprobieren. Er kriegt also andere Klamotten, wenn er volljährig wird. Aber dass Cicero schon so alt ist, hätte ich nicht gedacht. „Du wirst nächstes Jahr schon volljährig?", erkundige ich mich überrascht.

„Ich werde bald vierzehn."

Volljährig mit vierzehn! Puh, das wäre ja was! Da müsste ich in drei Jahren wissen, welchen Beruf ich ausüben will. Wobei, würde ich als Mädchen überhaupt arbeiten?

Ich versuche vorsichtig, das Gespräch am Laufen zu halten, und frage ihn alles Mögliche. Als ich ihn auf seine Religion anspreche, seufzt er genervt.

„Hilft uns das alles denn irgendwie weiter?", gibt er zurück.

Da hat er recht, das tut es wahrscheinlich nicht. Aber ich muss sein Vertrauen gewinnen, sonst komme ich nie nach Hause. Außerdem reitet mich die Neugier. Man ist ja nicht jeden Tag im alten Rom zu Gast – da muss ich doch Bescheid wissen, wie das Leben hier so abläuft. Ich will schließlich nicht allzu sehr auffallen. Das teile ich ihm dann auch mit demselben vorwurfsvollen Unterton mit, den er gerade draufhatte. Was er kann, kann ich schon lange.

Mama denkt, es wäre durchaus von Vorteil, wenn ich ab und zu mal die Klappe halten könnte. Dabei habe ich das von ihr. Zum Thema Fremdschämen wegen Mamas großem Mundwerk könnte ich so einiges erzählen. Hätte mir vielleicht mal jemand was Schönes vererben können? Locken vielleicht? Oder eine Zahnlücke an der passenden Stelle?

Cicero scheint immerhin ein bisschen Verständnis für meine Lage zu haben. Zumindest ist er es, der das Gespräch wieder aufnimmt: „Welche Götter betest du an, Hannah?"

„Meine Familie glaubt nur an einen Gott. Wir sind Christen", antworte ich.

Ich warte ab, um zu sehen, ob ihm das was sagt. Tut es offenbar, denn er nickt schweigend, aber nicht überrascht. Wir sind also in unserer Zeitrechnung „nach Christus" und da wir weit weg von Rom und Jerusalem sind, sind es vermutlich auch schon ein paar Jahrzehnte, sonst hätte er noch nichts vom Christentum gehört. Es gibt hier ja keine Zeitungen, kein Fernsehen und kein Internet.

Ich versuche ihm zu erklären, dass es in unserer Gesellschaft Christen, Juden, Muslime, Buddhisten und so weiter gibt. Auch das scheint ihn nicht zu verblüffen. Offenbar war man im alten Rom tolerant gegenüber anderen Religionen. Die Erkenntnis, dass man sich von der römischen Gesellschaft zur mittelalterlichen in manchen Bereichen zurückentwickelt hat, trifft mich etwas unvorbereitet. Vielleicht sind wir ja in ein paar Jahrzehnten wieder so weit, dass Frauen nur mit männlicher Begleitung aus dem Haus dürfen? Wie auch immer. Irgendwie kommen wir so tatsächlich nicht weiter.

„Cicero, was würdest du jetzt tun, wenn wir uns nicht getroffen hätten? Und warum … warum …?" Ich gerate ins Stottern. Wie frage ich das, ohne dass er wieder davonrennt? Oder beleidigt ist? „Warum hast du den Arm voll blauer Flecken?", platzt es schließlich aus mir heraus.

Er verzieht das Gesicht, steht auf und sagt lange nichts.

Viertes Kapitel, in dem ich mich in eine Römerin verwandle

Cicero blickt teilnahmslos über mich hinweg in den Wald. Stunden vergehen. Also, gefühlt jedenfalls. Endlich schaut er mich an. Schöne Augen hat er, die fallen bei seiner bekloppten Frisur kaum auf.

„Das mit den blauen Flecken ist nicht so einfach zu erklären", sagt Cicero dann. Nach einer kurzen Pause fügt er hinzu: „Ich denke nicht, dass ich derjenige bin, dem du helfen musst. Ich brauche keinen Beistand. Jedenfalls habe ich dich ganz sicher nicht gerufen, auch wenn du davon überzeugt zu sein scheinst. Mein Vater ist der Besitzer des Gutshofs, mir fehlt es an gar nichts. Wir führen ein privilegiertes Leben. Weder leiden wir Hunger noch herrscht gerade Krieg. Die Alemannen verhalten sich seit einiger Zeit zwar etwas aufsässig, aber das kümmert uns hier nicht besonders. Wir haben die Mauern und die Wachen verstärkt. Das sollte reichen."

Mann, klingt der arrogant!

„Ich habe die *ludus litterarius* abgeschlossen und vor etwas mehr als einem Jahr mit der Grammatikschule begonnen." Er bemerkt meinen fragenden Blick. „Die *ludus litterarius* ist die Elementarschule: Lesen, Schreiben, Rechnen." Als ich nicke, weil ich davon ausgehe, dass er eine Art Grundschule meint, spricht er weiter: „Die Grammatikschule ist schwieriger. Ich habe jetzt Unterricht in Geometrie, Astronomie, Rhetorik und natürlich Grammatik. Mein neuer Lehrer ist Grieche und ein strenger Mann. Er hat eine andere Art von Humor als ich." Er schaut nachdenklich auf seinen Arm. „Falls er überhaupt Humor besitzt. Außerdem ist er der Meinung, dass man alle großen griechischen Dichter auswendig zitieren können muss. Das ist nicht unbedingt meine Stärke, weißt du. Ich habe einfach mal eine Pause gebraucht."

Langsam verstehe ich, was es mit Ciceros blauen Flecken auf sich hat. Er hat den Unterricht geschwänzt. Die Prügelstrafe ist ja selbst bei uns in den Schulen noch nicht so wahnsinnig lange abgeschafft. Oma hat mir erzählt, dass Opa wegen dem einen oder anderen Streich öfter mal Schläge kassiert hat.

Ich wende mich wieder an Cicero: „Kannst du denn nicht mit deinen Eltern darüber sprechen? Vielleicht können die ja …"

Er unterbricht mich mit einem höhnischen Lachen. „Mein Vater würde mich nur nochmals züchtigen. Der *grammaticus* müsste sich Schlimmeres erlauben, als mich zu bestrafen, weil ich meine Aufgaben nicht beherrsche oder nicht erscheine."

Oh Mann, vielleicht hat Cicero recht damit, dass ich nicht wegen ihm in der Vergangenheit gelandet bin. Ich weiß wirklich nicht, was ich für ihn tun könnte. Ich nehme mal an, die Prügelstrafe war im alten Rom ganz normal. Aber was soll ich dann hier? Was ist meine Aufgabe?

Ich schiebe die Gedanken beiseite, damit das Gespräch nicht abbricht. Mir fällt unsere erste Begegnung ein. „Hast du gebetet, als wir uns über den Weg gelaufen sind?"

Cicero nickt. „Ich war beim Tempel der Minerva und habe ihr ein Opfer dargebracht."

Mein vom Kino beeinflusstes Halbwissen meldet sich alarmiert und ich traue mich kaum nachzuhaken, was denn ein angemessenes Opfer für eine Göttin ist. Als Cicero mein besorgtes Gesicht bemerkt, sagt er, dass er Äpfel und Trauben geopfert habe. Das beruhigt mich dann doch sehr. Nicht dass er noch auf die Idee kommt, ein Mädchen aus der Zukunft wäre ein gutes Opfer für den Gott des Krieges oder so.

Er erklärt mir weiter, dass Minerva die Göttin der Handwerker, Dichter und Lehrer ist. Sie ist die Hüterin der Weisheit und des Wissens. Für seine Familie ist Minerva wichtig, weil der Hof seinen Reichtum nicht nur durch die Landwirtschaft bezieht, sondern auch durch die Götterstatuen, die der Steinmetz und seine Gesellen aus dem hier vorkommenden Gestein herstellen. Heißt das deshalb in unserer Zeit noch Hechingen-Stein? Interessante Frage, muss ich zu Hause gleich recherchieren.

Als ich mich erkundige, wie ich unerkannt auf das Gelände der Villa Rustica kommen kann, hält er das für kein Problem. Anscheinend nutzen viele Reisende den Hof als eine Art Raststätte, in der sie übernachten, ihre Pferde neu beschlagen oder die Wagen reparieren lassen. Fremde Besucher sind also keine Seltenheit.

„Wobei …" Ciceros Blick schweift von meinem T-Shirt über die Jeans zu den Schuhen und wieder zurück. Er überlegt, dann sagt er: „Du kannst unter keinen Umständen in diesen Kleidern bleiben. Ich wage mir nicht vorzustellen, welchen Aufruhr du verursachen würdest."

Ja, das will ich mir lieber auch nicht ausmalen. „Kannst du mir etwas zum Anziehen besorgen?" Er antwortet nicht sofort, weshalb ich ein leicht genervtes „Bitte?!" hinterherschiebe. Geduld ist nicht unbedingt meine Stärke.

Endlich erwidert Cicero: „Warte hier. Ich werde sehen, was ich für dich tun kann." Er verschwindet in Richtung Mauer.

Ich nutze seine Abwesenheit und gehe aufs Klo. Na ja, hinter einen Baum, um genau zu sein. Nachdem ich bei der Führung die Latrinen begutachtet habe, bin ich nicht scharf darauf, die in nächster Zeit aufsuchen zu müssen. Nicht mal Mamas Klopapier könnte ich benutzen, wenn einer neben mir sitzt.

Als ich zurück zu der Stelle gehen will, an der ich mich mit Cicero unterhalten habe, lässt mich das Geräusch eines knackenden Astes innehalten. Whisky knurrt leise und ich spüre, wie sich die Haare an meinen Armen aufstellen. Wie erstarrt bleibe ich stehen. Mein Herz beginnt zu rasen und ich wage kaum zu atmen. Vorsichtshalber packe ich Whisky am Halsband und sie bleibt brav bei Fuß. Dank ihrer aufmerksam gespitzten Ohren kann ich gut erkennen, in welche Richtung ich schauen muss.

In Zeitlupe nähere ich mich einem Baum, lehne mich an und spähe rechts vorbei. Ich sehe einen Mann in einem dunkelbraunen, kurzen Kapuzenmantel. Offensichtlich ist er verletzt, denn er schleppt sich nur mit Mühe vorwärts. Unter einen Arm hat er einen dicken Ast geklemmt, den er als Krücke benutzt. Er kommt mir merkwürdig bekannt vor.

Aber ich habe keine Zeit zu überlegen, wo ich ihn schon einmal gesehen habe. Denn es gibt ein ganz anderes Problem: Was ist, wenn der Mann gefährlich ist und Cicero direkt in ihn hineinläuft? Ich muss ihn warnen!

Ohne Whisky loszulassen, ziehe ich mich nach hinten zurück und schleiche dann in einem großen Bogen

an dem Mann vorbei in die Richtung, in der ich das Tor vermute. In einiger Entfernung sehe ich tatsächlich Cicero, der ein Mädchen im Schlepptau hat, das in meinem Alter ist. Es hält ein Bündel unter dem Arm.

Aufgeregt stürze ich auf die beiden zu und berichte, was ich gerade gesehen habe.

Stirnrunzelnd hört Cicero mir zu und winkt schließlich arrogant ab. „Mach dir keine Gedanken. Ein einzelner Mann im Wald hat sicher keine Bedeutung. Selbst wenn es ein Alemanne wäre, könnte er uns kaum gefährlich werden. Schon gar nicht, wenn er verletzt ist. Falls es dich beruhigt, gebe ich dem Wachmann am Haupttor Bescheid. Er soll die Augen offen halten."

Mann, geht der mir auf den Zeiger! „Woher soll ich denn wissen, ob der Typ Alemanne ist? Ich konnte ihn ja schlecht fragen", zische ich genervt.

Cicero lässt sich nicht aus der Ruhe bringen. „Was kümmert uns ein Mann im Wald? Weißt du, wie viele Menschen hier jeden Tag ankommen und wieder abfahren? Davon lebt unser Gutshof. Wenn wir jedes Mal die Wachen aufscheuchen würden, weil jemand an der Mauer entlangläuft, hätten die für nichts anderes mehr Zeit!"

Hilfesuchend schaue ich seine Begleiterin an, denn mein Bauchgefühl sagt mir deutlich, dass es nicht richtig ist, den Mann einfach weiterziehen zu lassen.

„Aurora Fabia", stellt sich das Mädchen ohne große Umstände vor. „Ciceros kleine Schwester." Aurora lächelt und zwinkert mir zu. Auch sie scheint nicht im Geringsten beeindruckt zu sein.

Aber Moment – schon wieder ein bekanntes Gesicht! Ich sehe das Mädchen nicht zum ersten Mal. Das bringt mich so aus dem Konzept, dass ich den Mund halte und nichts mehr über den Verletzten sage. Verblüfft mustere ich Ciceros Schwester. Ich werde das Gefühl nicht los, dass ich sie kenne. Aber vielleicht bilde ich mir das auch alles nur ein. Es war immerhin ein ereignisreicher Tag!

Aurora trägt ein Lederband mit einem Mondanhänger aus Metall um den Hals, außerdem große Ohrringe und mehrere Armbänder. Ihr dunkelrotes Kleid reicht bis unter die Knie und ist mit einem goldenen Saum verziert. Die braunen Sandalen sehen aus wie die ihres Bruders. Sie hat sogar die Zehennägel lackiert.

Nagellack im alten Rom! Das gibt es ja wohl nicht! Ich würde mein Monatstaschengeld darauf verwetten, dass man im Mittelalter noch nie etwas von Nagellack gehört hat.

Über Auroras linker Schulter hängt ein breiter Schal, den sie über den Kopf gelegt hat, jetzt aber nach hinten in den Nacken schiebt. Ihre langen, hellbraunen Haare, die zu einem komplizierten Zopf geflochten sind, sehen toll aus.

Ich sollte mir die Frisuren merken, die mir bei meinen Zeitreisen so begegnen. Mama sagt, alles käme irgendwann wieder in Mode. Sie hat das allerdings mit einem ziemlich gequälten Gesicht gesagt, nachdem ich mit Papas Freundin Susanne shoppen war und sie mir ein neonrosafarbenes Top und Leggins geschenkt hat. Aber wenn meine Mutter recht hat, wäre ich mit den Frisuren aus dem alten Rom und dem Mittelalter irgendwann mal total im Trend.

Cicero reißt mich aus meinen tiefsinnigen Überlegungen. „Ich habe Aurora in aller Kürze eingeweiht. Sie war bereit zu schweigen und dir einige ihrer Kleider zu leihen. Sie wird dir beim Umkleiden helfen, dann bringen wir dich ins Haus." Er dreht sich energisch um.

Aurora lächelt, schaut mich an und rollt mit den Augen. Ja, manchmal bin ich ganz froh, dass ich ein

Einzelkind bin. Während sie mich neugierig betrachtet, beginne ich unschlüssig mit dem Umziehen. Ich fühle mich etwas merkwürdig, so mitten im Wald, allein mit den beiden Fremden. Aber ich habe keine Wahl.

Als ich meine Schuhe ausgezogen habe, streckt mir Aurora die Hand hin und ich gebe ihr meine knöchelhohen schwarzen Sneakers. Zögernd, denn sie sind ganz neu und waren furchtbar teuer. Ich musste einen Teil meines Taschengelds dazugeben, weil Mama mir im Schuhgeschäft den Vogel gezeigt hat, als sie den Preis gesehen hat.

Aurora befühlt die Sneakers interessiert und begutachtet sie ausgiebig.

„Du kannst sie gern mal anprobieren", biete ich ihr an. Schließlich borgt sie mir gerade ihre Kleidung. Und die Herstellung ihrer Tunika war vermutlich Handarbeit und deutlich aufwendiger als die meiner Schuhe.

Sie zieht die Sneakers sofort an und zeigt sie lachend ihrem Bruder. Der rollt nun selbst mit den Augen und grinst.

Als ich sicher bin, dass er sich nicht erneut umdrehen wird, lege ich Jeans und T-Shirt ab. Aurora, mittlerweile wieder in ihren eigenen Sandalen, hilft mir in die Tunika. Sie ist rosafarben, ärmellos und endet unterhalb der Knie. An den Rändern sind silberne Fäden eingewoben – das sieht toll aus.

„Setz dich, ich binde dir die Schuhe", sagt Aurora, als sie meinen ratlosen Blick auf die langen Lederschnüre sieht. Während ich im Sitzen meine Sachen in den Rucksack quetsche, wickelt sie mir die Bänder um Knöchel und Schienbeine. Mein Rucksack geht kaum zu, aber meine neuen Schuhe lasse ich auf keinen Fall hier herumliegen. Also drücke ich den Inhalt noch ein wenig zusammen und zerre so lange, bis ich den Reißverschluss ächzend schließen kann.

Auf Auroras Zeichen hin dreht sich Cicero zu mir um und betrachtet mich kritisch. Kopfschüttelnd sagt er: „Das geht so nicht. Du musst ihr die Haare machen!"

Aurora nickt zustimmend. „Daran habe ich auch schon gedacht. Ich habe Haarnadeln eingepackt." Dann wendet sie sich an mich: „Bleib sitzen, ich werde sehen, was ich tun kann. Normalerweise macht unsere Sklavin mir die Haare, aber ich musste sie letzten Monat an meine Tante ausleihen, die zu Besuch war. Zumindest die einfachen Frisuren kann ich jetzt selbst flechten. Und wenn es nicht perfekt wird, macht das auch nichts. Du trägst ja später sowieso ein Tuch."

Aurora löst meinen Pferdeschwanz, teilt die Haare in einen Mittelscheitel und fängt an, einzelne Strähnen einzudrehen und am oberen Hinterkopf festzustecken. Zuletzt flechtet sie die verbliebenen Strähnen zu einem Zopf, den sie nach oben klappt und mit einer Haarnadel fixiert. Zufrieden schaut sie mich an. Auch Cicero nickt.

Ich wüsste ja zu gern, wie ich jetzt aussehe. Sie legt mir noch ein Tuch über Haare und Schulter, zupft ein

paar kunstvolle Falten und geht mit schräg gelegtem Kopf einige Schritte rückwärts, um ihr Kunstwerk zu betrachten. Ich lächle sie dankbar an und mache einen Knicks.

Neben mir jault Whisky auf. Ach ja, was stellen wir eigentlich mit ihr an? Ich frage nach, ob es in der Villa Rustica Hunde als Haustiere gibt. Beide nicken – zum Glück!

„Wir haben Wachhunde auf dem Hof", sagt Aurora und begutachtet Whisky eine ganze Weile. „Aber warum trägt dein Hund denn Schmuck?"

46

Schmuck? Irritiert schaue ich Whisky an. Ah, die Hundemarke. Ich erkläre den beiden, dass man für Hunde bei uns Steuern bezahlen muss.

Cicero scheint das für eine sehr kreative Einnahmequelle zu halten. „Du siehst, auch in der Zukunft gilt: Geld stinkt nicht!", sagt er grinsend zu seiner Schwester. Sie lacht.

Auf meinen fragenden Blick hin erläutert er mir, dass in den Städten für die Benutzung der öffentlichen Latrinen eine Steuer bezahlt werden muss. Kaiser Vespasian habe beschlossen, dass es wichtiger sei, die leeren Staatskassen zu füllen, als sich über die zweifelhafte Herkunft des Geldes Gedanken zu machen.

Ich nehme Whisky das Halsband samt Steuermarke ab und verstaue es im knallvollen Rucksack. Gleichzeitig schießt mir durch den Kopf, dass ich letztes Jahr, als ich mit Mama und Oma in Paris war, auf einem öffentlichen Klo *Vespasienne* gelesen habe. Das hat ganz bestimmt was mit Kaiser Vespasian zu tun!

„Lasst uns gehen", schlägt Cicero vor und gibt mir einen großen Beutel, in den ich meinen Rucksack stecken kann.

„Danke", sage ich an beide gewandt. „Es ist nett, dass ihr mir helft. Ohne euch wäre ich aufgeschmissen. Vielleicht kann ich mich ja noch revanchieren!"

Fünftes Kapitel, in dem der Groschen dann endlich fällt

Ich folge den beiden mit einem extrem mulmigen Gefühl den Berg hinunter. Whisky geht bei Fuß. Ich bin so froh, dass ich sie an meiner Seite habe!

Was mich hier wohl erwartet? Welche Aufgabe muss ich erfüllen, um nach Hause zurückzukommen? Ob es vielleicht doch etwas mit Cicero und seinem prügelnden Lehrer zu tun hat? Aber wie sollte ich ihm da helfen können? Ich kann ja nicht mal eben das Schulsystem umkrempeln. Es muss etwas anderes sein.

Plötzlich fällt mir der Kampf ein, den ich vorhin am Berg beobachtet und für eine Theaterprobe gehalten habe. Kann es sein, dass ich zu diesem Zeitpunkt bereits bei den alten Römern gelandet und die Szene gar kein Schauspiel war? Und, wenn ja, was hatte es damit auf sich?

Gleich haben wir das Eingangstor erreicht, das ich durchqueren muss, ohne Aufsehen zu erregen. Ich werfe einen Blick auf den Wachmann, der mit jemandem diskutiert. Sie streiten sich, aber ich verstehe nicht, worum es geht. Spielt auch keine Rolle: Der Wachmann ist zum Glück so beschäftigt, dass er uns nur zunickt, nachdem er Cicero erkannt hat. Danach wendet er sich wieder seinem Gesprächspartner zu.

Das Gelände wimmelt von Menschen und Tieren. Wir nähern uns dem Haupthaus. Es hat große Ähnlichkeit mit der Rekonstruktion im Museum, aber es intakt und bewohnt zu sehen, verschlägt mir für einen Moment den Atem.

Schließlich treten wir durch ein schweres doppeltes Holztor ins Haus. Aurora bleibt vor einem Raum stehen, dessen Tür nur angelehnt ist und aus dem es nach Rauch und Essen riecht. „Hast du Hunger?", fragt sie.

Ich schüttle den Kopf. Wir gehen weiter quer durch eine große Halle auf eine Treppe zu. Die Decke ist enorm hoch. Im Gehen blicke ich hinauf und staune. Als ich wieder nach vorn schaue, stoße ich beinahe in Aurora und Cicero, die wie angewurzelt stehen geblieben sind.

Vor ihnen ist wie aus dem Nichts ein Mann aufgetaucht. Er ist groß, schlank und relativ muskulös, soweit ich das unter dem ganzen Stoff beurteilen kann. Er trägt eine weiße Tunika und braune Sandalen. Schon bevor er etwas sagt, ist mir klar, dass es sich hier um den Hausherrn handelt. Er sieht aus wie Cicero in groß und ist höchstens fünfunddreißig Jahre alt.

Seine Laune könnte besser sein, das stellt sich schnell heraus. „Cicero, weshalb bist du nicht bei deinen Lektionen? Ich bezahle den *grammaticus* doch nicht dafür, dass du dich mit Mädchen herumtreibst!", wirft er seinem Sohn barsch an den Kopf. Auch Aurora holt sich gleich einen Anpfiff ab: „Und, Mädchen, was tust du hier? Du solltest deiner Mutter nach dem Unterricht beim Weben helfen!"

Aurora nickt kleinlaut. Bevor sie etwas zu ihrer Entschuldigung hervorbringen kann, bemerkt ihr Vater mich. Aufmerksam mustert er mich von oben bis unten. Dann wendet er sich an seinen Sohn: „Wer ist dieses Mädchen? Was macht sie in den Privatgemächern, Cicero?"

Oha, was sagen wir jetzt? Wir hatten noch keine Zeit, uns eine Geschichte auszudenken, die erklären könnte, was ich in der Villa Rustica zu suchen habe.

Ich räuspere mich und will planlos zu einer Erklärung ansetzen, als Cicero mir zuvorkommt: „Vater, das ist die Tochter eines Reisenden aus *Arae Flaviae*, der eben beim Schmied sein Pferd neu beschlagen lässt. Er möchte sich die neue Venusstatue beim Steinmetz anschauen, denn er denkt darüber nach, sie seiner Gattin zum Geburtstag zu schenken. Da er seine Tochter während der Verhandlungen nicht allein lassen wollte, bat er mich, sie im Haus zu empfangen. Und da Aurora eingewilligt hat, sie und den Hund in ihrer Kammer unterzubringen, habe ich zugestimmt."

Der Vater runzelt die Stirn und nickt. „Wenn der Fremde tatsächlich die neue Venusstatue kaufen will, kann es sich ja nur um einen Römer mit vielen Talenten handeln. Das hast du gut entschieden, Sohn! Ich bin überrascht!" Dann winkt er Aurora und mich weiter. „Geht, ihr beiden!" An Cicero gewandt fügt er hinzu: „An die Bücher, junger Mann! Sofort!"

Cicero senkt den Kopf, dreht sich wortlos um und geht durch die Halle in Richtung Eingangstor.

Aurora zieht mich eilig die Stufen hinauf, bevor ihr Vater noch auf die Idee kommt, das Gespräch weiterzuführen. In ihrem Zimmer angekommen, schließt sie sofort die Tür hinter uns.

„Puh!", stöhne ich.

„Ja, das war knapp! Ich hoffe nur, dass Vater nicht zum Steinmetz geht, um in die Verhandlungen einzugreifen. Aber in aller Regel hält er sich heraus, solange die Einnahmen stimmen."

„Cicero war sehr glaubwürdig, findest du nicht? Ich bin überrascht, wie schnell er eine überzeugende Geschichte zur Hand hatte", sage ich beeindruckt. „Was meinte dein Vater denn mit den Talenten, die der Mann haben müsse? – Ich verstehe nicht, was für eine Begabung man braucht, um eine Statue zu kaufen", hake ich nach.

Aurora stutzt, dann lacht sie und sagt: „Dummerchen, ein Talent ist eine Geldeinheit, wie der Denar oder der

Sesterz, nur sehr viel wertvoller. Vater geht davon aus, dass der Käufer sehr reich sein muss."

„Ach so!" Ich schlage mir an die Stirn. Darauf hätte ich auch selbst kommen können. Im Comic *Asterix und Kleopatra* gibt es nämlich einen Dialog zu genau demselben Thema.

„Cicero sagte, du heißt Hannah. Diesen Namen habe ich noch nie gehört. Aus welchem Land stammt er?", will Aurora wissen.

Tja, keine Ahnung. Ich weiß nur, dass er „die Anmutige" bedeutet, weil Papa sich neulich fast schlappgelacht hat, als ich vor ihm die Treppe hochgefallen bin. Er meinte, *nomen est omen* würde in meinem Fall wohl eher nicht stimmen, denn ich wäre ungefähr so anmutig wie Obelix. Frechheit! Beim Gedanken an Papa muss ich seufzen. Aber ich reiße mich zusammen und teile Aurora mein Halbwissen mit.

Sie denkt kurz nach und meint: „Am besten überlegen wir uns einen neuen Namen für dich. Hannah ist einfach zu auffällig."

„Gut, was schlägst du vor?"

„Wie wäre Gracia, das bedeutet ebenfalls ‚die Anmutige'?"

Ich schüttle heftig den Kopf.

Auroras Stirn schlägt Falten, so sehr strengt sie sich an, einen passenden Namen für mich zu finden. „In welchem Monat bist du geboren?", fragt sie.

„Im Mai", lautet meine Antwort.

„Maia", sagen wir fast gleichzeitig. Verblüfft schauen wir uns an.

Das ist ja lustig! Mein zweiter Vorname lautet tatsächlich so. Ob ich wohl Maia heiße, weil ich im Mai geboren bin? Darüber habe ich nie nachgedacht. Das muss ich unbedingt Mama fragen.

„Maia, die Göttin des Wachstums im Frühling, die Mutter des Mercurius", meint Aurora. Mit einem Augenzwinkern fügt sie hinzu: „Mögest du diesem Namen Ehre erweisen." Dann bricht Aurora auf, um Cicero mitzuteilen, wie er mich künftig rufen soll. In der Tür dreht sie sich um und fragt: „Hast du immer noch keinen Hunger?"

„Doch, ein bisschen schon." Ich habe keine Ahnung, wie spät es ist, aber wir müssten uns langsam der Abendessenszeit nähern. Aurora verspricht, Whisky und mir etwas aus der Küche mitzubringen, und verschwindet.

Mir gefällt mein neuer Rufname. So schnell wird man also zur Göttin! In jedem Fall ist er besser als Gracia. Vor allem, weil ich nun mal leider alles andere als anmutig bin. Das liegt an meinen großen Füßen – die sind einfach immer irgendwie im Weg. Und da Maia mein Zweitname ist, ist die Chance, dass ich mich angesprochen fühle, größer als bei jedem anderen Namen.

Jetzt habe ich Zeit, mich in Auroras Zimmer umzusehen. „Spärlich möbliert" hat Mama das mal genannt.

Das bezog sich damals auf Papas Wohnung, bevor seine neue Freundin Susanne bei ihm eingezogen ist. Genau genommen stehen hier nur zwei niedrige Liegen mit Säcken als Matratzen. Dem Geruch nach sind sie mit Heu gefüllt. Dazu noch eine große Holztruhe, die mit Figuren bemalt ist und zwei Griffe hat. Die Wände sind in Cremeweiß gestrichen. Der Raum hat zwei Fenster, das Glas ist milchig, lässt aber genügend Licht durch. Insgesamt wirkt er hell und wohnlich. Noch so ein Punkt, bei dem mir das alte Rom fortschrittlicher als das Mittelalter erscheint.

Das Zimmer ist kleiner als meines zu Hause. Und wesentlich aufgeräumter. Mama meinte neulich, sie würde mein Zimmer erst wieder betreten, wenn ich aufgeräumt und desinfiziert hätte. Völlig übertrieben, kann ich da nur sagen!

Als ich gerade beschließe, einen Blick in die Truhe zu werfen, öffnet sich die Tür und Aurora kommt zurück, im Schlepptau eine grauhaarige Frau. Diese trägt ein riesiges Tablett, das sie auf dem Boden zwischen den Betten abstellt. Ihr folgt ein blondes Mädchen und bringt eine Schüssel mit Wasser und Handtüchern. Auffordernd hält es mir das Gefäß hin, ohne mich dabei anzuschauen.

Ich weiß nicht so genau, was ich tun soll. Aber sehr viele Möglichkeiten gibt es ja nicht, deshalb halte ich einfach die Hände in das Wasser, wasche sie und trockne sie mir ab. Anschließend geht das Mädchen zu Aurora, die dasselbe tut. Puh, alles richtig gemacht!

Die Frau hat auf dem Boden das Essen vorbereitet und auf den ersten Blick sieht es lecker aus. Ich erkenne Fladenbrot, Walnüsse, irgendetwas Gebratenes, zwei Schalen mit Suppe, zwei weitere Gefäße mit einer Art Brei und einige kleine Tontöpfe mit Deckel. Außerdem stehen dort Krüge mit unbekanntem Inhalt und zwei Becher.

Aurora bemerkt meinen neugierigen Blick. „Vater hat Besuch. Darum fällt das Essen ein bisschen aufwendiger aus", sagt sie.

Das Mädchen mit der Schüssel verschwindet und kehrt kurz darauf mit zwei kleinen Hockern zurück. Die ältere Frau hat einen Wassernapf aus Ton für Whisky geholt und ihr ein Stück Fleisch mit Knochen hingelegt. Die Hündin guckt ziemlich verdattert. Sie ist nämlich irre wählerisch beim Essen. Whisky beschnüffelt ausgiebig das Fleisch und beschließt, erst mal was zu trinken. Danach schaut sie mich mit schräg gelegtem Kopf abwartend an. Als ich ihr zunicke, beginnt sie zu fressen.

Aurora hat sich schon auf einem der Hocker niedergelassen. Sie lädt mich mit einer knappen Handbewegung ein, es ihr gleichzutun. Gar nicht mal so unbequem.

„Ich dachte immer, ihr esst alle im Liegen", rutscht es mir noch vor dem ersten Bissen heraus.

Aurora schaut mich erstaunt an. „Nun, das tun wir, wenn wir im *triclinium* essen, also im Esszimmer. Wenn Vater Besuch hat, wird dort getafelt. Aber da sind wir Kinder in der Regel nicht dabei. Wir und meist auch die Frauen essen in der Küche. Dass wir heute in meinem Zimmer sind, ist eine Ausnahme. Ich fand es zu riskant, mit dir in einen Raum zu gehen, wo dich der halbe Hof begutachten könnte."

Ja, das sehe ich genauso.

Aurora reicht mir zwei verschieden große Löffel, der kleinere hat einen ganz spitzen Stiel. Dann bekomme ich eine Schale mit Suppe. Sie dampft und riecht sehr lecker. Während ich vorsichtig puste, frage ich sie, was alles auf dem Speiseplan steht.

Aurora zeigt auf meine Suppe und sagt: „Das ist Kohlsuppe mit Speck."

Na ja, das klingt gewöhnungsbedürftig – schmeckt aber gut, wie ich nach einem vorsichtigen Löffel feststelle. „Was ist denn in den anderen Schälchen?", hake ich nach, als ich meine Schüssel geleert habe.

Der Reihe nach zeigt Aurora auf die Gefäße vor uns und zählt auf: Getreidebrei mit Karotten, Bohnenmus, gebratenes Ziegenfleisch, gekochtes Schweineeuter, gefüllte Haselmäuse, *garum*, eine Soße, die nach Fisch und Chinarestaurant riecht, und, wohl als Nachtisch, in Honig eingelegte Walnüsse. Außerdem gibt es Fladenbrot mit Salz und Salbei. In den Krügen ist Wasser und

mulsum, das sich als mit Honig gesüßter Wein ent-
puppt. Ähnlich wie im Mittelalter, da haben die Kinder
auch Wein getrunken. Zumindest die, deren Eltern es
sich leisten konnten. Papa meinte nach meiner Rückkehr,
Wein sei meist sauberer gewesen als das Wasser aus den
Brunnen und Bächen.

Mit Appetit probiere ich weiter. Aber ich glaube, das
Schweineeuter überspringe ich. Und bei der Maus bin
ich mir auch nicht so ganz sicher, ob ich wissen muss,
wie sie schmeckt.

Während wir uns durch die verschiedenen Gerichte
essen, unterhalten wir uns. Aurora fragt mich aus, wie
das Leben in meiner Zeit so ist. Ich habe den Eindruck,
dass sie ziemlich viel von dem, was sie hört, nicht versteht. Zum Beispiel als ich erzähle, dass ich noch lange
zur Schule gehen werde. Aurora ist elf wie ich und schon
im letzten Jahr. Ihr ist offensichtlich nicht klar, was ich
mit so einer gründlichen Schulausbildung anfangen soll,

wenn ich doch ohnehin Kinder kriege. Dass ich später nur heirate und eine Familie gründe, wenn ich das will, ist für sie völlig unverständlich. Die Sache mit der freien Berufswahl lasse ich deshalb weg, das würde sie vermutlich nur noch mehr verwirren.

Ich frage Aurora, was Cicero meinte, als er zu mir sagte, die Alemannen seien seit einiger Zeit etwas aufsässig. Da wird sie plötzlich sehr ernst. „Der Kaiser hat die Truppen im Norden zu einem großen Teil abgezogen, um die Grenzen im Südosten zu sichern. Das nutzen die Alemannen aus. Sie haben die Zahl ihrer Angriffe in den letzten Jahren deutlich erhöht und die wenigen verbliebenen Soldaten haben alle Mühe, die Grenze zu verteidigen. Einige Abschnitte können nicht mehr richtig gesichert werden. Vater sagt, dass wir damit rechnen müssen, bald die ersten Alemannen im Hof stehen zu haben. Und wenn man so hört, wie diese Barbaren sich benehmen …" Es schüttelt sie regelrecht bei dem Gedanken, was dann passieren könnte.

Schließlich haben wir es geschafft, uns durch all die Schälchen zu futtern, und ich habe das Gefühl, ich würde platzen. Mir ist aufgefallen, dass das Essen weniger salzig ist als unseres und vieles bis zur Unkenntlichkeit verkocht. Hätte Aurora mir nicht alles erklärt, hätte ich bei den meisten Speisen den Ursprung nicht erraten.

Um Aurora ein wenig von den Alemannen abzulenken, frage ich sie nach ihrer Familie. Außer ihrem Bruder hat sie eine vierzehnjährige Schwester, die aber vor einigen Monaten verheiratet wurde und jetzt bei ihrem Mann in *Sumelocenna* wohnt. Die Stadt sei etwa einen Tagesritt entfernt, meint Aurora.

Was das wohl für eine Stadt sein könnte? Ob es die in meiner Zeit auch noch gibt? Oder ist sie untergegangen wie die Villa Rustica in Hechingen-Stein? Papa hat einmal gesagt, dass Rottweil römische Wurzeln hat, und mit Opa war ich in Rottenburg und habe mir römische Latrinen angeschaut.

Aurora erzählt mir gerade von der prunkvollen Hochzeit, die mehrere Tage gedauert hat, und wie sehr sie ihre Schwester Luna vermisst, als sich das Wanderrätselgefühl bemerkbar macht. So nenne ich das, wenn mir Opa auf unseren Gassirunden mit Whisky eine Knobelaufgabe stellt und ich kurz davor bin, auf die Lösung zu kommen. Da spüre ich immer so ein warmes Kribbeln in meinem Bauch. Und genau das macht sich gerade in mir breit. Was hat Aurora gesagt? Das muss wichtig gewesen sein! Ich werde ganz nervös.

„Was hast du eben gesagt, Aurora?", unterbreche ich sie ein bisschen unhöflich.

Einen Moment schweigt sie verdutzt, dann wiederholt sie ihre letzten beiden Sätze: „Mein betrunkener Onkel hat mich auf der Hochzeit andauernd mit Luna verwechselt und mir viele Kinder gewünscht. Wir sehen uns zwar sehr ähnlich, aber ich bin ja doch ein ganzes

Stück kleiner als Luna." Sie grinst und lässt eine weitere Bemerkung über ihren Onkel und sein maßloses Ess- und Trinkverhalten fallen, die ich aber nur noch am Rande registriere. Und plötzlich trifft es mich wie ein Schlag. Jetzt wird mir einiges klar.

„Deine Schwester sieht dir ähnlich?", unterbreche ich sie schon wieder.

Aurora bleibt entspannt und nickt. „Sie sieht genauso aus wie ich. Wäre sie nicht größer, könnte man uns für Zwillinge halten."

Das ist es! Deshalb kam Aurora mir so bekannt vor, als ich sie zum ersten Mal getroffen habe. Das Mädchen, um das auf dem Berg gekämpft wurde, sah aus wie sie! Was ich beobachtet habe, war – wie bereits vermutet – tatsächlich keine Theaterprobe für den Römertag im Museum. Und jetzt weiß ich auch, was sich dort wirklich abgespielt hat: die Entführung eines Mädchens! Und dieses Mädchen war Luna – da gehe ich jede Wette ein!

„Aurora, hör mir gut zu!" Ich packe sie am Arm. Vor lauter Aufregung bringe ich keinen logischen Satz zustande. Japsend sprudelt alles auf einmal aus mir heraus. In aller Eile erzähle ich, was ich mit angesehen und für ein Theaterstück gehalten habe. Ich schildere den Kampf, wie verzweifelt das Mädchen war und dass einige Männer es am Ende mit sich gezogen haben.

„Maia, wovon redest du?", fragt Aurora stirnrunzelnd. Sie scheint mir nicht zu glauben. „Luna wohnt einen ganzen Tagesritt entfernt. Sie kann nicht hier sein. Sie ist in Sicherheit bei ihrem Mann und seiner Familie." Beruhigend tätschelt sie meinen Arm.

Aber in meinem Kopf geht es rund. Vor meinem inneren Auge rufe ich mir die Kampfszene noch einmal in Erinnerung. Mir fällt der Mann ein, der verletzt im Gras zurückblieb. War das nicht … Ja, genau – das war der Verletzte, der sich später im Wald an mir vorbeigeschleppt hat. Deshalb kam auch er mir so bekannt vor. Jetzt ergibt das alles einen Sinn!

Eindringlich rede ich auf Aurora ein: „Aurora, nur weil Luna einen Tagesritt entfernt wohnt, heißt das doch nicht, dass ich sie nicht gesehen haben kann. Überleg mal, aus welcher Entfernung ich angereist bin. Wie wahrscheinlich ist es, dass ich aus der Zukunft komme und hier lande? Trotzdem bin ich da! Dieses Mädchen sah aus wie du – es muss Luna gewesen sein. Und der Verletzte lebt und schleppt sich irgendwo durch den Wald. Vielleicht ist das sogar ihr Mann."

Aurora bittet mich um eine genaue Beschreibung der beiden. Als ich fertig bin, ringe ich nach Luft, weil ich vor lauter Aufregung fast vergessen habe zu atmen.

Aurora läuft im Kreis durch ihr Zimmer, während sie überlegt. „Das klingt tatsächlich, als könnte es Luna gewesen sein. Aber der Mann war unter keinen Umständen ihrer. Du beschreibst ihn in der Kleidung der Alemannen. Einen Kapuzenmantel würde kein römischer Bürger aus gutem Hause freiwillig tragen. Und der Mann meiner Schwester schon gar nicht. Aber was sollte Luna mit einem Alemannen zu schaffen haben?"

Aurora wirkt nicht überzeugt, aber immerhin scheine ich sie mit meiner Nervosität angesteckt zu haben. Denn als ich sie bitte, gemeinsam mit mir irgendetwas zu unternehmen, nickt sie zustimmend.

„Sollten wir nicht lieber deinen Vater informieren?", frage ich.

Aurora schüttelt den Kopf. „Vater wird uns die Geschichte deiner Zeitreise bestimmt nicht glauben. Er hat Besuch, der an seinen Nerven zehrt. Das ist keine gute Idee." Sie denkt ein paar Minuten nach, dann meint sie schließlich: „Ich weiß, an wen wir uns wenden können. Komm mit!"

Ich schnappe mir den Beutel mit meinem Rucksack und folge ihr mit Whisky auf den Hof.

Sechstes Kapitel, in dem mir schon wieder jemand bekannt vorkommt

Im Gehen erklärt mir Aurora, dass der Schmied der richtige Ansprechpartner für uns sein könnte. Er sei ein warmherziger und hilfsbereiter Mann. Als ich sie frage, ob er denn Zeitreisen gegenüber aufgeschlossener sein könnte als ihr Vater, ist sie nicht ganz sicher. Deshalb verabreden wir, erst einmal vorsichtig zu sein und nicht direkt mit der Tür ins Haus zu fallen. Wer weiß, wem er von mir erzählt, wenn er uns nicht glaubt. Es ist einfach zu riskant. Außerdem müssen wir dringend Cicero informieren, der wahrscheinlich immer noch beim *grammaticus* sitzt.

Whisky strolcht neben mir her. Im Gegensatz zu mir scheint sie den Ausflug sehr zu genießen. Ist wahrscheinlich eine Wahnsinnserfahrung für ihre feine Nase.

Aurora geht geradewegs auf eine Hütte zu, die etwas abseits steht. Aus ihrem Schornstein steigt Rauch auf und man hört rhythmische, dumpfe Schläge. Die Seite, die zum Haupthaus zeigt, ist weitgehend offen. Deshalb ist schnell klar, dass der Schmied gerade bei der Arbeit ist. Ein Hüne von Mann steht vor einem Feuer und schwingt einen Riesenhammer, als wäre er aus Pappe. Ich kann die Schläge auf dem Brustbein spüren, als ich näherkomme. Beeindruckt beobachte ich den Schmied.

Es dauert nicht lange, bis er uns bemerkt und innehält. Er schaut mich direkt an und sagt kein Wort. Ich auch nicht, denn ich kann nicht fassen, wer da vor mir steht. Whisky prescht an mir vorbei und begrüßt den Mann begeistert. Sie legt ihm die Pfoten auf die Hüfte und wedelt so stark mit dem Schwanz, dass sie fast umfällt.

Der Schmied streichelt der Hündin den Kopf. Nachdem er sein Werkstück ins Feuer gesteckt hat, fängt er an, mit ihr zu reden. Sie legt sich ihm zu Füßen und schaut mich an. „Was ist los? Erkennst du nicht, wer das ist?", scheinen ihre Augen zu fragen.

Ja, Whisky, natürlich erkenne ich das. Wie kann er Opa nur so ähnlich sehen? Unfassbar! Aber ein paar entscheidende Unterschiede gibt es dann doch: Der Mann ist erstens sicher zwanzig Zentimeter größer, zweitens dreißig Kilo schwerer – oder besser: kräftiger – und drittens mindestens vierzig Jahre jünger. Er hat schwarzgrau melierte, vom Schweiß lockige Haare, die er mit einem Lederband aus dem Gesicht hält.

„Dein Hund?", fragt der Schmied knapp.

Sprachlos nicke ich.

„Schönes Tier!"

Wieder nicke ich schweigend.

„Zu Besuch?"

„Bei Aurora", antworte ich knapp und zeige auf sie.

Mit einer Handbewegung lädt er uns ein hereinzukommen. Wir treten ein und schauen uns um. An der Wand hängen verschiedene Werkzeuge und es gibt zwei Öfen. Trotz der offenen Seite ist es heiß und stickig.

Inzwischen hat der Schmied das Teil wieder aus dem Feuer geholt und fängt an, es zu bearbeiten. Sieht aus wie ein Schwert. Als er meinen neugierigen Blick bemerkt, fragt er: „Habt ihr Lust, mir zu helfen?"

Aurora lächelt kurz und winkt dann dankend ab. Sie wirkt sehr besorgt. Ich dagegen grinse ihn an und nicke. Diese Gelegenheit will ich mir nicht entgehen lassen. Und außerdem schadet es nicht, wenn ich einen guten Eindruck mache, bevor wir dem Mann unsere Befürchtungen anvertrauen.

Aber der Hammer lässt sich nicht mal anheben. Schmunzelnd nimmt der Schmied das Werkzeug wieder selbst in die Hand. Nach einigen routinierten Schlägen scheint er zufrieden und steckt das Schwert in einen Wassereimer. Der Dampf erfüllt die ganze Hütte und macht die Luft nicht unbedingt erträglicher, deshalb flüchten Aurora und ich mit Whisky nach draußen.

Der Schmied folgt uns und trinkt gierig aus einem Tonkrug, der am Eingang steht. Den Rest des Wassers schüttet er sich über den Kopf und wäscht sich. Während er sich abtrocknet, bemerke ich, wie ein blonder Mann in schnellen Schritten auf die Werkstatt zukommt. Er geht zielstrebig auf den Schmied zu und fragt ihn grußlos: „Bist du fertig geworden?"

Der Schmied nickt über seine Schulter in Richtung des Schwerts, der Mann tritt ein und nimmt es prüfend in die Hand. Er führt einige Kampfbewegungen aus. Erinnert mich irgendwie an die Jungs in meiner Klasse, wenn sie *Star Wars* spielen und einen auf Klonkrieger machen. In dem Moment, in dem mir das durch den Kopf schießt, wird mir klar, dass der Blonde vermutlich nicht nur spielen will. Was er mit der Waffe wohl vorhat?

Mit dem Schwert in der Hand kommt der Mann aus der Werkstatt und gibt dem Schmied einen kleinen Lederbeutel. „Gute Arbeit, *faber*!", sagt er anerkennend.

„Ich weiß", entgegnet der Schmied unbeeindruckt und in einem Tonfall, den man gerade noch als höflich bezeichnen kann. Er macht keine Anstalten, seinen Lohn nachzuzählen oder ein weiteres Wort zu sagen, sodass der Mann mit den Schultern zuckt und sich zum Gehen abwendet. Als er sich in Richtung Haus in Bewegung setzt, ruft ihm der Schmied doch noch etwas hinterher: „Die Herrin hat Waffen im Haupthaus unter-

sagt!" Ohne abzuwarten, ob der Mann darauf reagiert, dreht er sich zu uns um. „Aurora, ich trau ihm nicht! Wenn du mich fragst, wird der Ärger machen!" Dann schaut er mich an. „Und wer bist du denn nun? Bist du zum ersten Mal hier?"

Ich nicke stumm.

„Hast du dich schon etwas umgesehen?" Als ich den Kopf schüttle, sagt er: „Ich bin fertig für heute. Wenn ihr wollt, mache ich mit euch einen Rundgang über den Hof."

Da ich seine Anwesenheit irgendwie sehr tröstlich finde, nicke ich erfreut. Ob wir ihm vertrauen können?

Wir brechen auf und bevor ich etwas über den Kampf und die Entführung sagen kann, kommt Cicero aus einer der Nachbarhütten. Er bleibt überrascht stehen, als er uns zusammen mit dem Schmied sieht. Nach einer kurzen Begrüßung schließt er sich uns an.

„Ich sehe, Cicero, du bist dem *grammaticus* für heute entkommen?" Ciceros Abneigung gegen seinen Lehrer scheint dem Schmied bekannt zu sein.

Cicero grinst ihn verschmitzt an.

„Kennst du den *grammaticus*, Faber?", frage ich neugierig.

Aurora rammt mir den Ellenbogen in die Seite und Cicero schaut den Schmied erschrocken an, aber der sagt nur amüsiert: „Faber? Ich heiße Fabricius. Oder hast du etwa schon einmal den Namen Faber gehört?" Er mustert mich.

Leicht verlegen stammle ich: „Aber der Mann, der das Schwert gekauft hat, hat dich doch vorhin so genannt ..."

„Ja, natürlich. Ich bin ja auch *faber*. Er ist eben etwas arrogant, unser blonder Besucher aus dem Norden. Deshalb spricht er mich auch nur mit der Berufsbezeichnung an."

Hoppla, das ist die Berufsbezeichnung! Das kann ich ja nun wirklich nicht ahnen ...

„Woher kommst du, Mädchen?", fragt er mich, nicht unfreundlich, doch so bestimmt, dass mir auf Anhieb keine Antwort einfällt. Können wir es riskieren, ihn einzuweihen? Aber zuerst muss ich Cicero unbedingt fragen, ob er es für möglich hält, dass seine Schwester entführt wurde.

Cicero kommt mir zu Hilfe und erzählt dem Schmied die Geschichte von meinem reichen Vater und der Statue. Fabricius sieht nicht sehr überzeugt aus, belässt es aber dabei. Nach einem langen, prüfenden Blick, der mich sehr an Opa erinnert, wenn der früher herauskriegen wollte, ob ich das letzte Zitroneneis gemopst habe, setzt der Schmied sich wieder in Gang. Um ihn abzulenken, frage ich nach dem blonden Mann, der mir wirklich nicht geheuer war.

„Unser Besucher heißt Flavus und wohnt in *Arae Flaviae*. Ein Teil seiner Familie stammt aus den alemannischen Gebieten nördlich des Limes." Dann fügt er an Cicero gewandt hinzu: „Und wenn du mich fragst, hat Flavus nicht mit seiner Herkunft abgeschlossen. Er ist gefährlich und ich hoffe, dein Vater ist sich dessen bewusst."

Cicero nickt zustimmend mit dem Kopf, während ich kein einziges Wort verstanden habe. Was meint er denn damit? Aber das kann ich natürlich nicht fragen, damit würde ich mich ja schon wieder verdächtig machen.

„Behalte ihn besser im Auge, solange er bei euch nächtigt, Cicero."

Ich habe keine Ahnung, was das alles zu bedeuten hat. Aber eigentlich habe ich keine Zeit, mir den Kopf darüber zu zerbrechen. Immerhin habe ich eigene Probleme. Ich muss endlich mit Cicero sprechen.

Ich nehme ihn zur Seite und bitte ihn um ein Gespräch unter vier Augen. Fabricius grinst blöd und geht mit Aurora einige Schritte voraus.

Ich erzähle Cicero von meinem Verdacht. Als er ablehnend die Hand heben will, platzt mir der Kragen. Ich schreie ihn an: „Hör auf mit deiner Besserwisserei! Du gehst mir langsam aber sicher gewaltig auf die Nerven! Hallo?! Es gibt ganz bestimmt einen Grund, weshalb man mich durch Hunderte von Jahren schickt, um dir oder deiner Familie zu helfen. Willst du ernsthaft behaupten, es sei unmöglich, dass deine Schwester hier in der Nähe ist, nur weil sie einen TAGESRITT von hier entfernt wohnt?" Den letzten Satz spucke ich ihm fast ins Gesicht.

Fabricius und Aurora sind stehen geblieben und drehen sich nach uns um.

Aber das ist mir gerade ziemlich egal. Ich fahre brüllend fort: „Wenn man mal bedenkt, dass es schließlich noch unwahrscheinlicher ist, dass ICH hier bin, da mein Weg ein KLEINES BISSCHEN weiter war?"

Alle drei starren mich an. Puh, das hat gutgetan!

Siebtes Kapitel, in dem ich unfreiwillig die Frau Doktor gebe

„Mädchen, was ist in dich gefahren?", brummt mich Fabricius mit seiner tiefen Stimme erstaunt an. Er mustert mich lange.

Ich beschließe, reinen Tisch zu machen. Es muss doch Gründe haben, weshalb ich hier auf einen Vorgänger von Opa treffe. „Du wunderst dich über mich, nicht wahr?", beginne ich behutsam.

„In der Tat", bestätigt er. „Sehr!"

Ich bitte Cicero, an meiner Stelle zu erzählen, wo und wie wir uns getroffen haben, denn ihm glaubt er sicher eher. Dann reiche ich dem Schmied den Beutel mit meinem Rucksack. Er begutachtet ihn und zieht wahllos einige Gegenstände heraus. Lange betrachtet er die Taschenlampe und erschrickt fast zu Tode, als er sie aus Versehen anknipst. Fast niedlich, wie fassungslos er ist. Wäre die Lage hier nicht so ernst, würde ich lachen.

Kurz übernehme ich das Wort und erzähle Fabricius von seiner Ähnlichkeit mit Opa. Er wirkt noch nicht ganz überzeugt, dass wir ihn mit meiner Zeitreise nicht an der Nase herumführen wollen. Aber zumindest hört er zu.

Dann spricht wieder Cicero. Als er zu der Stelle kommt, an der wir uns zum zweiten Mal begegnet sind und er mich mit in seine Zeit gebracht hat, unterbreche ich ihn. Jetzt oder nie – wir müssen Fabricius einweihen. Sonst ist Luna verloren.

Ich berichte von dem Kampf, meiner Theorie über Ciceros Schwester und dem Mann, den ich kurz darauf noch einmal im Wald gesehen habe. „Er war verletzt und kam nur mühsam vorwärts. Weit kann er nicht gekommen sein. Wir müssen ihn finden! Er allein kann uns sagen, wer die anderen Männer waren und wohin sie Luna gebracht haben könnten. Nur so können wir sie retten!" Ich atme einmal tief durch. „Whisky kann uns helfen, den Verletzten zu finden. Lasst es uns doch wenigstens versuchen", sage ich mit bittender Stimme.

Die drei sehen sich gegenseitig an und Fabricius nickt. „Los, kommt!"

Wir eilen über den Hof und durch das Tor. Es dauert nicht lange, bis ich die Stelle gefunden habe, an der der Mann an mir vorbeigehumpelt ist. Wir folgen ein Stück dem Weg, den er gegangen ist. Auf einmal entdecke ich einen dunklen Fleck am Boden. Als ich ihn befühle, werden meine Finger rot. Blut!

Ich rufe Whisky und lasse sie ausgiebig schnuppern. Sie wedelt mit dem Schwanz, jagt davon und wir versuchen, uns nicht abhängen zu lassen. Es geht kreuz und quer durch den Wald. Ab und zu sieht man eine Blutspur, die zeigt, dass der Verletzte in keinem besonders guten Zustand sein kann. Schon nach kürzester Zeit verliere ich die Orientierung. Ich würde ohne Whisky niemals wieder zurück zum Gutshof finden. Mehrfach stolpere ich über dicke Baumwurzeln und Löcher im weichen Waldboden.

Whisky zeigt plötzlich an, dass sie erfolgreich war. Lautlos und sehr stolz lässt sie sich neben dem Mann im braunen Mantel nieder. Er liegt auf dem Bauch und rührt sich nicht.

Fabricius dreht ihn um. Der Fremde ist bewusstlos. Aurora kniet sich hin und befühlt seine Stirn. Ich gehe neben ihr auf den Boden. Der Mann sieht nicht gut aus. Sein Gesicht ist sehr blass, er schwitzt und hat eine heftig blutende Wunde am rechten Bein, außerdem einige Abschürfungen im Gesicht und eine Platzwunde an der Stirn. Sein Atem ist flach und rasselt.

Ich schaue mir die Wunde am Bein an. Dann ziehe ich den Mantel etwas zur Seite und sehe, dass auch die Schulter verletzt ist. Ich wünschte, Papa wäre hier. Zunächst bringe ich den Mann in die stabile Seitenlage. Als ich hochblicke, bemerke ich, wie mich die anderen beunruhigt beobachten. Ja, ich mache mir ebenfalls Sorgen, ob er mein stümperhaftes Erste-Hilfe-Wissen wohl überleben wird. Also frage ich Aurora, ob ein Arzt auf dem Hofgelände ist. Sie schüttelt den Kopf. Na, ganz toll!

Schließlich entscheiden wir, dass wir den Mann in Fabricius' Hütte versorgen werden. Bewusstlos kann er uns nicht weiterhelfen und über Nacht will keiner von uns im Wald bleiben. Fabricius wuchtet sich den Mann über seine Schulter. Wir gehen schweigend durch die Dämmerung zurück zur Villa Rustica.

Nacheinander betreten wir die Hütte des Schmieds, deren Eingang mit einem Fell abgedeckt wird. Fabricius legt den Mann auf einer mit Heu gefüllten Matratze auf dem Boden ab. Ich setze mich neben ihn. Oje, Papa, wer hätte gedacht, dass ich mal ein Menschenleben retten muss? Durchatmen und keine Panik, Hannah! Das klappt schon! Wie sagt Papa immer? Besser man versucht zu helfen und macht dabei etwas kaputt, als dass man wegschaut. Ohne mich stirbt er vielleicht.

Ich bitte um Wasser und hole meine Ratgeber aus dem Rucksack. Da steht, man solle schmerzstillende Mittel verabreichen und in jedem Fall den Notruf absetzen. Wie soll ich denn bitte jemanden anrufen, wenn es noch gar keine Telefone gibt?!

Also gut, so komme ich nicht weiter. Ich durchforste meine Erste-Hilfe-Tasche und finde tatsächlich Arnika-Globuli und Schmerztabletten. Aber zunächst muss ich seine Wunden versorgen. Als Aurora das Wasser bringt, schütte ich Desinfektionsmittel hinein und säubere die blutenden Stellen mit einem Tuch. Die Platzwunde an der Stirn bekommt einen Druckverband, den kann ich sogar, wenn man mich nachts um drei aus dem Schlaf reißt. Das ist Papas Lieblingsdisziplin. Anschließend schiebe ich noch ein paar Arnika-Globuli unter seine Zunge. Die Schmerztabletten müssen warten, bis er wach ist.

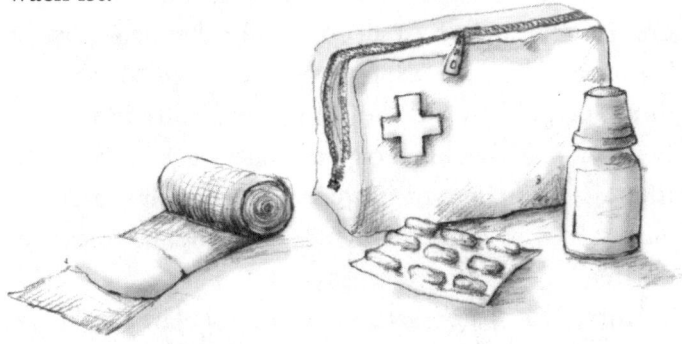

Fabricius hat unterdessen neugierig meinen Rucksack durchsucht und meinen Geldbeutel gefunden. Ich nehme ihn aus seiner Hand und hole ein Foto heraus, auf dem ich mit Oma, Opa und Whisky beim Wandern zu sehen bin. Er dreht und wendet das Bild, offensichtlich etwas ratlos, was er damit anfangen soll. Ich tippe auf Opa – und Fabricius versteht, was ich meine. Nachdem er das Foto mehrere Minuten betrachtet hat, nickt er langsam und gibt es mir zurück.

„Sollen wir nun Vater informieren?", fragt Aurora in die Runde.

Cicero denkt nach, schüttelt dann aber den Kopf. „Ich glaube zwar mittlerweile auch, dass Luna entführt wurde. Aber solange der Fremde nicht wach ist und reden kann, wissen wir ohnehin nicht, wo wir suchen müssen. Oder mit welchen Gegnern wir es zu tun haben. Lasst uns abwarten, was er zu sagen hat."

Da öffnet der Mann vorsichtig seine Augen und sieht uns irritiert an. Es ist deutlich zu erkennen, dass er Schmerzen hat. Ich öffne vorsichtig seinen Mund, lege ihm eine Tablette auf die Zunge und halte ihm einen Becher mit Wasser hin. Folgsam nimmt er einen Schluck. Erst als er anfängt zu husten, wird mir klar, dass Tabletten in der Römerzeit nicht so verbreitet gewesen sein dürften.

Kurze Zeit später sackt er weg und schläft ein. Heute werden wir nichts mehr von ihm erfahren. Er ist einfach zu schwer verletzt.

Achtes Kapitel, in dem ich Alwin nicht aus den Augen lasse

„Kann ich heute Nacht hierbleiben, um ihn zu beobachten?", frage ich Fabricius.

Der nickt zustimmend. Kurz darauf verschwinden die Geschwister, denn nach Einbruch der Dunkelheit ist es ihnen strengstens untersagt, sich draußen aufzuhalten.

Die Nacht über wechseln der Schmied und ich uns mit der Wache ab. Als der Verletzte wieder unruhiger wird und zu glühen beginnt, gebe ich ihm erneut eine Tablette. Er ist so benebelt, dass er gar nicht richtig aufwacht. Als die Schmerzmittel wirken, wird der Atem des Mannes ruhiger und ich habe die Hoffnung, er könnte trotz meiner amateurhaften Versorgung noch einmal davonkommen.

Am nächsten Morgen bin ich komplett am Ende, aber irgendwie sehr mit mir zufrieden. Fabricius reicht mir einen Becher mit Wasser und ein Stück Brot. Das scheint mit Honig bestrichen zu sein und schmeckt ähnlich wie mein Frühstück zu Hause.

Dann muss ich leider aufs Klo, es lässt sich nicht vermeiden. Heute Nacht musste ich pinkeln, da bin ich einfach aus der Hütte geschlichen und habe mich hinter einen Busch an der Mauer gehockt. Geht jetzt natürlich nicht, am helllichten Tag. Fabricius meinte nach meinem nächtlichen Ausflug, ich solle das nächste Mal eine der Amphoren füllen, man brauche den Urin für den Gerber. Ich will lieber nicht wissen, wofür der meinen Urin braucht. Gerber sein ist mit Sicherheit kein Traumjob!

Zögernd schleiche ich zu den Latrinen. Ziemlich genau so habe ich mir das vorgestellt, wobei ich Glück habe, denn ich bin allein. Ich beeile mich, so gut es geht, und den ekligen Schwammstock lasse ich links liegen. Stattdessen schicke ich einen stummen Dank an Mama. Wie gut sie den Rucksack gepackt hat! Wer kann denn ahnen, dass Klopapier so bedeutsam werden kann?

Die Geschwister kommen gleichzeitig mit mir an der Hütte an und wir treten nacheinander ein. Der Mann ist mittlerweile aufgewacht. Er ist schwach, kann aber sprechen. Cicero übernimmt das Verhör.

Auf die Frage, wer er sei, erwidert der Fremde: „Ich heiße Alwin und komme aus *Sumelocenna*."

Cicero und Aurora schauen sich an. Halt mal – das ist doch die Stadt, in der ihre große Schwester lebt. Cicero fragt ungeduldig, ob er Luna kenne.

Es stellt sich heraus, dass der Mann in Lunas Haus arbeitet. Anscheinend sind in der Stadt die Alemannen eingefallen. Stockend erzählt Alwin, Lunas Mann sei mitsamt seiner Familie spurlos verschwunden. Sie sei vollkommen auf sich gestellt gewesen. Als sie ihm mitgeteilt habe, dass sie zu ihrer Familie auf den Gutshof wolle, habe er versprochen, ihr zu helfen.

Die Geschwister hängen an Alwins Lippen und sind kreidebleich. Cicero kann sich kaum beherrschen, er wippt mit den Füßen auf und ab und kaut an seinen Fingernägeln.

„Wir waren schon fast hier, da wurden wir überfallen. Es war eine Horde Alemannen. Sie haben mich im Wald liegen lassen – und dachten wohl, die wilden Tiere würden mir den Rest geben. Was mit Luna geschah, weiß ich nicht", sagt Alwin mit heiserer Stimme.

Ich nicke heftig. Genau das habe ich gesehen! „Warum wurde Luna entführt?", überlege ich laut.

Keiner weiß eine Antwort. Aber es muss doch Gründe dafür geben, oder? Vielleicht soll der Vater erpresst werden? Dann besteht immerhin die Hoffnung, dass sie noch am Leben ist. Als ich das ausspreche, bricht Aurora in Tränen aus.

„Hast du irgendetwas gehört, das einen Hinweis darauf gibt, welche Pläne die Männer haben?", fragt Fabricius nach. Aber Alwin schüttelt den Kopf.

„Wir müssen Vater einweihen!", stößt Cicero aus.

Bei mir schrillen alle Alarmglocken. Wie um alles in der Welt sollen wir dem Vater meine Rolle in dieser

Geschichte plausibel erklären, ohne dass ich mich in Gefahr bringe? „Kannst du mich da raushalten, Cicero?", bitte ich daher. Als er mich überrascht anschaut, erkläre ich ihm meine Befürchtungen. Irgendwann sieht er es ein und nickt zustimmend. Alwin beobachtet mich die ganze Zeit. Ich nehme an, er kann überhaupt nicht einordnen, wer ich bin und woher ich komme.

Wir verlassen die Hütte und die anderen sprechen ihre Version der Geschichte so ab, dass Whisky und ich nicht mehr darin vorkommen. Fabricius hat Alwin zufällig in der Nähe des Tores gefunden und als er erwachte, hat er von Luna erzählt. Etwas wackelig angesichts der modernen Verbände, aber der Vater wird vermutlich in Panik geraten und nach seiner Tochter suchen wollen. Vielleicht entgeht ihm in Anbetracht der Lage ja, dass die ganze Sache nicht hundertprozentig stimmig ist.

Puh! Ich bin erleichtert. Aber nicht völlig beruhigt.

Fabricius weist mich an, in seiner Werkstatt zu warten, und schickt die Geschwister los, um den Vater zu informieren. Ich mache mich mit Whisky auf den Weg und sehe von Weitem, wie Cicero und Aurora kurz darauf mit ihrem Vater und einer Frau, die vermutlich ihre Mutter ist, zu Fabricius' Hütte laufen. Irgendwie komme ich mir auf einmal ausgeschlossen vor.

Die Hektik, die nach einigen Minuten rund um die Hütte ausbricht, ist bis zur Werkstatt zu spüren und ziemlich ansteckend. Eilig werden bewaffnete Männer zusammengerufen, die in beeindruckend kurzer Zeit abmarschbereit sind. Der Vater, Fabricius und Cicero scheinen ebenfalls mit von der Partie zu sein. Aurora, ihre Mutter und Flavus hingegen beobachte ich dabei, wie sie zurück zum Haupthaus gehen.

Neuntes Kapitel, in dem Whisky vom Lamm zum Wachhund wird

Von meinem Beobachtungsposten aus kann ich zuschauen, wie Ciceros Vater Anweisungen gibt und dabei wild mit den Armen fuchtelt. Er ist so laut, dass ich ein paar Worte verstehen und mir seinen Plan zusammenreimen kann: Die Männer wollen in den dichten Wald im Norden, weil er die besten Möglichkeiten bietet, sich zu verstecken. Deshalb vermutet der Gutsherr, dass die Entführer seine Tochter dorthin gebracht haben.

Die Gruppe setzt sich in Bewegung. Es sind ganz schön viele. Es scheint fast so, als würde er kaum jemanden zur Bewachung des Hofs zurücklassen.

Um die Zeit totzuschlagen, bis die anderen wiederkommen, schlendere ich mit Whisky über das menschenleere Gelände. Ob das meine Aufgabe war? Cicero, Aurora und ihrer Familie mitzuteilen, dass Luna entführt wurde? Dann könnte ich jetzt eigentlich mein Zeitgebüsch suchen gehen. Aber ich bin zu neugierig, wie die Geschichte sich entwickelt. Also bleibe ich im

Kräutergarten stehen und beschließe zu überprüfen, ob die römischen Pflanzen Ähnlichkeiten mit denen in Omas „Lerngarten" haben.

Tatsächlich kann ich einige Kräuter ohne Schwierigkeiten zuordnen: Minze, Melisse, Salbei und Arnika. Andere habe ich definitiv noch nie gesehen. Ich beuge mich interessiert über die Pflanzen, um an ihnen zu riechen. Vielleicht nehme ich ein paar mit nach Hause?

Plötzlich höre ich einen Schrei, der abrupt abbricht. Ich fahre alarmiert herum. Das muss aus dem geöffneten Fenster im Erdgeschoss des rechten Eckturms gekommen sein. Jetzt ist es vollkommen still und nichts regt sich.

Vorsichtig schleiche ich in die Richtung, aus der der Schrei kam, und drücke mich eng an die Wand des Hauses. Ich traue mich kaum zu atmen. Plötzlich ist eine Männerstimme zu hören, die sehr wütend klingt. Was geht da drinnen bloß vor?

Mir läuft es eiskalt den Rücken hinunter, als mir klar wird, dass die ängstliche Stimme, die ich nun antworten höre, von Alwin stammt. Man hat ihn anscheinend ins Haus gebracht. Ich gebe Whisky das Zeichen, sich abzulegen, und schleiche millimeterweise näher an das Fenster heran.

„… wage es ja nicht noch einmal, laut zu werden! Das würdest du nicht überleben!", faucht die wütende Stimme.

Mir stehen die Haare zu Berge. Wer um Himmels willen ist das und warum bedroht er Alwin? Ich schiele vorsichtig ins Innere des Raums und erkenne den unsympathischen Flavus, der bei Fabricius das Schwert gekauft hat. Er rast vor Zorn.

„Was fällt dir ein, dich gegen mich zu stellen und dieser verfluchten Göre zur Flucht zu verhelfen? Du weißt genau, wie dringend ich das Mädchen für meinen Plan brauche. Die Männer hätten dich töten sollen, als sie die Gelegenheit dazu hatten."

Ich glaube, dieser Flavus platzt gleich. Jetzt sagt Alwin etwas, aber er ist draußen nicht zu verstehen. Er redet zu leise, in bittendem Tonfall. Er hat Todesangst. Verständlich.

Mein Gehirn qualmt. Was hat das zu bedeuten? Warum kennen sich Alwin und Flavus? Und was für ein Plan? Eines ist klar: Flavus hat ohne Zweifel etwas mit Lunas Entführung zu tun. Mir ist schlecht und meine Gedanken rasen.

Leider bin ich so damit beschäftigt, Antworten auf die vielen offenen Fragen zu finden, dass ich den entscheidenden Moment verpasst habe: Flavus hat sich umgedreht und starrt mich an! Sein Gesicht ist wutverzerrt. Hitze durchflutet meinen Körper. Was mache ich jetzt?

Flucht! Ich drehe mich auf dem Absatz um und laufe los. Ich weiß nicht so genau, wohin, aber ich renne, so

schnell ich kann. Whisky ist neben mir. Als ich zurück-
blicke, sehe ich entsetzt, dass Flavus aus dem Fenster
gesprungen ist und mir folgt. Der Abstand zwischen
uns wird rasch kleiner.

Ich habe nur eine Chance, aber keine Ahnung, ob das klappen wird. Denn eigentlich ist Whisky ein Lamm von einem Hund. Ich schaue sie an und sage streng: „Whisky!"

Im Rennen blickt sie mich erwartungsvoll an.

„Fass!"

Die Hündin wedelt mit dem Schwanz. Na toll!

Mein Herz pocht so laut, dass es in meinen Ohren rauscht. Kurz vor dem Tor holt mich Flavus schließlich ein. Er packt mich so hart an der Schulter, dass ich zu Boden gehe.

Gerade als der blonde Riese mich hochzerren will, hat Whisky es endlich doch verstanden. Sie knurrt und beißt ihm dann herzhaft in seinen Arm. Flavus schreit auf und lässt mich los. Ich springe auf, strauchle, kann aber verhindern, dass ich nochmals falle, und renne erneut los. Nur weg hier!

Ich sprinte an der verdutzten Wache vorbei und schaue angsterfüllt zurück. Whisky lauert vor Flavus, mit angelegten Ohren und gefletschten Zähnen. So habe ich sie noch nie gesehen. Sie scheint ihn ein weiteres Mal erwischt zu haben, denn er hat eine Wunde am Bein und ist wie versteinert. Flavus lässt die Hündin nicht aus den Augen.

Als ich leise pfeife, kommt Whisky angepeitscht und folgt mir in den Wald. Wie lange ich planlos ins Grüne renne, weiß ich nicht. Schließlich bekomme ich keine Luft mehr und bleibe stehen.

„Meine Süße, das hast du aber wirklich gut gemacht!", japse ich und falle Whisky um den Hals. Zufrieden hechelt sie mir ihren heißen Atem ins Gesicht. „Warum du mit mir gekommen bist, dürfte nun endgültig klar sein", erkläre ich ihr, während wir uns beide ins Gras sinken lassen. Ich hole die Wasserflasche aus meinem Rucksack und trinke gierig. Dann gieße ich Wasser in meine Hand und halte sie Whisky entgegen. Zum Glück habe ich mir den Beutel mit meinem Rucksack beim Vorbeirennen am Kräutergarten noch schnell geschnappt. Ohne Wasser wäre ich aufgeschmissen.

Um mich zu beruhigen, esse ich mit zitternden Fingern eine halbe Tafel Schokolade. Aber meine Gedanken rasen weiter. Nicht nur, dass mir nicht ganz klar ist, was da eben eigentlich geschehen ist. Ich weiß auch nicht, was ich nun machen soll. Denn zurück, so viel ist sicher, kann ich nicht mehr.

Planlos krame ich in meinem Rucksack, während Whisky in weiten Kreisen um mich herumstromert. Durchatmen, Hannah! Ich muss mich erst mal ablenken, bevor ich wieder klar denken kann. Ich schlage die Tageszeitung auf, die Mama mir eingepackt hat, und beginne zu lesen.

Nebenbei spiele ich mit dem Schnappmechanismus des kleinen Kompasses, der ebenfalls im Rucksack war. Auf und zu. Auf und zu. Das hat direkt etwas Entspannendes.

Zehntes Kapitel, in dem sich die Zeitung als sehr nützlich erweist

Ich überfliege die Überschriften, als mein Blick an einer kleinen Meldung rechts oben im Lokalteil hängen bleibt.

HECHINGEN-STEIN – Das neue Kinderprogramm der Villa Rustica in Hechingen-Stein ist da. Das Museum bietet in den Sommerferien verschiedene Aktivitäten rund um das Leben im alten Rom: Mosaiklegen, Nachbau eines römischen Legionärsschildes und die Beobachtung der entscheidenden Schlacht zwischen Alemannen und Römern, die letztendlich zur Aufgabe des Gutshofs führte.

Die entscheidende Schlacht? Ob die wohl bevorsteht? Oje, ich hoffe doch, dass ich dann nicht mehr hier bin. Ohnehin eine schreckliche Vorstellung, jetzt, wo ich die Bewohner kenne. Soll ich etwa diese Schlacht verhindern?

Nein, doofer Gedanke. Wie sollte ich das denn anstellen? Den Lauf der Geschichte kann ich nicht aufhalten. Will ich auch gar nicht. Wer weiß, ob das, was stattdessen passiert, wirklich besser wäre …

Meine Augen schweifen langsam weiter über den Lokalteil.

TÜBINGEN – Mit einem Betrugsversuch der besonders dreisten Art haben zwei junge Männer am Freitag versucht, eine Seniorin in der Weststadt hereinzulegen. Einer von ihnen klingelte bei der Achtzigjährigen und erklärte, er habe versehentlich ihre Katze angefahren. Hilfsbereit bot er an, die ältere Dame sofort zum Tierarzt zu bringen, wo die Katze bereits sei. Die Dame ließ sich die Adresse geben und wimmelte den Mann mit der Aussage ab, sie werde das selbst erledigen.

Die rüstige Seniorin nahm die Katzenbox und verließ das Haus. Kurz darauf konnte die verständigte Polizei zwei Männer festnehmen, die im Begriff waren, in das Gebäude einzusteigen. Was die Diebe nicht ahnen konnten: Die Katzenklappe in der Haustür der Seniorin war nicht mehr in Betrieb. Ihr Kater war vor einem Jahr friedlich an Altersschwäche gestorben.

Grinsend lege ich die Zeitung beiseite. Clever gemacht! Das muss man ihr lassen. Den Männern allerdings auch. Die Tierliebe der alten Dame auszunutzen und sie so aus dem Haus zu locken – echt eine fiese Idee. Aus Angst um ein geliebtes Haustier lässt man natürlich alles stehen und liegen und rennt los.

Moment mal! Alarmiert stehe ich auf und beginne hin und her zu laufen. So kann ich besser denken. Aus Angst um ein geliebtes Haustier lässt man alles stehen und liegen. Und aus Sorge um einen geliebten Menschen? Da erst recht!

Und nun ahne ich, was hier läuft: Flavus hat Luna entführen lassen, um ihren Vater und möglichst viele Männer vom Gutshof zu locken. Die Entführung ist nur ein Ablenkungsmanöver – Flavus will die Villa Rustica erobern! Deshalb brauchte er auch das neue Schwert.

Oh Gott! Wer weiß, was er noch alles tut, um sein Ziel zu erreichen. Ich muss an Aurora denken, die mit ihrer Mutter zurückgeblieben ist. Vielleicht ist sie ebenfalls in Gefahr? Selbst wenn ich mich irren sollte und Flavus den Hof gar nicht einnehmen will, so führt er trotzdem definitiv Böses im Schilde.

Allein kann ich das nicht verhindern. Fast alle Männer sind mit Cicero und seinem Vater mitgegangen. Hinterherlaufen und sie zurückholen? Aber wie, wenn ich keine Ahnung habe, wohin? Whisky kann ich auch nicht suchen lassen. Ich habe nichts dabei, womit sie die Fährte aufnehmen könnte.

Ich versuche mich zu erinnern, welche Anweisungen der Gutsherr seinen Männern gegeben hat. Sie wollten in Richtung … Mein Blick fällt auf den Kompass in meiner Hand und ich muss grinsen. Ja, in Richtung Norden! Selbst ich werde wohl Norden auf einem Kompass finden.

Ich verstaue alle meine Sachen bis auf das Fernglas und den Kompass im Rucksack und gehe los. Ich laufe lange in Richtung Norden. Sehr lange. Und das in diesen Schuhen. Sehnsuchtsvoll denke ich an meine Sneakers im Rucksack, aber es erscheint mir zu gefährlich, sie anzuziehen. Wenn ich unverhofft auf jemanden treffe, gerate ich in Erklärungsnot.

Also behalte ich die Sandalen an und komme mir bald vor wie ein römischer Legionär. Ich habe mal gelesen, dass die ein hartes Leben geführt haben und sehr viel marschieren mussten. Ab und zu werfe ich einen prüfenden Blick durchs Fernglas und trotte dann weiter vor mich hin.

Wieder einmal ist es Whisky, die mich aufmerksam werden lässt. An ihren gespitzten Ohren sehe ich, dass vor uns jemand sein muss. Durch das Fernglas erkenne ich nach einigem Suchen Fabricius und seufze erleichtert auf. Ich packe das Fernglas vorsichtshalber in den Rucksack zurück und gehe entschlossen auf den Suchtrupp zu. Wenn ich zu viel darüber nachdenke, was alles schieflaufen könnte, dann verlässt mich sicher der Mut.

Cicero sieht mich als Erster und erschrickt so sehr, dass die anderen Männer mich auch bald entdecken. Er rennt mir entgegen, aber bevor er mich erreicht, erklingt die herrische Stimme seines Vaters: „Was geht hier vor? Warum taucht dieses Mädchen schon wieder auf?"

Oh Mann, dafür haben wir jetzt keine Zeit. Den Vater ignorierend, wende ich mich direkt an Fabricius und sage hektisch: „Flavus hat Luna entführen lassen! Und Alwin hängt irgendwie mit drin! Er ist nicht das unschuldige Opfer, für das wir ihn gehalten haben …"

Alle sehen mich fassungslos an. Ich mache eine Pause, um Luft zu holen. Cicero versucht, seinen Vater in aller Kürze einzuweihen. Der wirkt nicht sehr überzeugt. Auch als ich mein Erlebnis mit Flavus schildere, sehe ich ihm an, dass er mir nicht glaubt.

Darum drücke ich dem Vater meinen geöffneten Rucksack in die Hand und lasse ihn seine eigenen Schlüsse ziehen. Nach einer gefühlten Ewigkeit gibt er ihn mir zurück. Er ist völlig verwirrt, scheint aber zu begreifen, dass hier irgendetwas nicht stimmt. Zumindest brummt er: „Nun gut, die Dinge entwickeln sich höchst unerfreulich. Wir gehen direkt zurück zum Gutshof und stellen Flavus zur Rede. Dann werden wir sehen, ob du recht hast oder selbst etwas im Schilde führst. So lange bleibst du unter Arrest!"

Bitte? Geht's noch? Ich laufe in miserablen Schuhen durch halb Baden-Württemberg, um ihm den Hintern zu retten, und der unterstellt mir, ich wolle ihn betrügen? Das nenne ich verdammt undankbar!

Cicero und Fabricius versuchen ihn davon zu überzeugen, dass ich nichts Böses vorhabe, aber ohne Erfolg. Selbst als Fabricius berichtet, dass Flavus es furchtbar eilig hatte, ein neues Schwert bei ihm zu kaufen, lässt der Gutsherr nicht mit sich reden und beordert einen seiner Männer an meine Seite – mit dem strikten Befehl, mich nicht aus den Augen zu lassen. Na toll! Vielleicht kommen wir ja an einem hübschen Gebüsch vorbei und ich mache einfach gleich die Fliege?

Mit einem Blick auf Whisky, die wachsam das Geschehen verfolgt, erklärt mir mein neuer Freund, ich solle sie unter Kontrolle halten, sonst würde er ihr den Hals umdrehen. In Anbetracht seiner riesigen, behaarten Pranken halte ich das für glaubwürdig, nicke und packe sie am Fell.

Ciceros Vater gibt den Abmarschbefehl. Sein Gesichtsausdruck ist versteinert und lässt keine Rückschlüsse auf seine Gefühle zu. Aber ich möchte nicht in seiner Haut stecken: Vielleicht schwebt seine Tochter gerade in Lebensgefahr. Aber wenn er weiter nach ihr sucht, verliert er womöglich seine Frau, seine jüngere Tochter sowie den ganzen Gutshof.

Der Trupp legt ein strammes Marschtempo vor und das Legionärsgefühl steigt wieder hoch. Ich bin nicht unbedingt ein Konditionswunder. Ob mich mein Bewacher ein Stückchen tragen würde? Kleiner Scherz, der sieht nicht aus, als hätte er Mitleid mit verweichlichten Besucherinnen aus der Zukunft.

Es kommt mir so vor, als würden wir tagelang durch den Wald rennen, und gerade, als ich vor lauter Müdigkeit ins Stolpern gerate, hebt der erste Mann im Trupp die Hand. Wir halten an. Vor uns liegt die Villa Rustica. Gott sei Dank, alles scheint ruhig und friedlich. Es dämmert schon. Die Wachposten am Tor grüßen uns und wir marschieren hindurch.

Elftes Kapitel, in dem ich einen echten Schatzhort sehe

Ich habe kein gutes Gefühl bei dieser Rückkehr, denn irgendetwas sagt mir, dass der Gutshof nicht mehr lange stehen wird. Wenn die Alemannen hier einfallen, will ich definitiv nicht dabei sein. Es ist ärgerlich, dass mich Leos Augen abgelenkt haben, sonst hätte ich bei der Führung vielleicht mehr mitbekommen. Das wäre jetzt echt hilfreich. Ja, Herr Werner, ich hab es kapiert!

Cicero und sein Vater stürmen voran ins Haus. Es dauert nur wenige Augenblicke, dann erscheinen zum Glück Aurora und ihre Mutter oben an der Treppe: blass, aufgelöst, aber unverletzt.

Sie stürzen sich in die Arme des Gutsherrn und erzählen aufgeregt, was passiert ist. Als sie zufällig gesehen haben, wie Flavus mich verfolgt hat, war ihnen klar, dass Gefahr drohte. Sie haben sich in Auroras Zimmer eingeschlossen. Nach einer Weile stand tatsächlich Flavus vor der Tür, aber es gelang ihm nicht, sie aufzubrechen – den Göttern sei Dank! Durch das Fenster hat

Aurora beobachtet, wie Flavus Alwin mit sich zerrte und das Gelände verließ.

Der Vater nimmt noch einmal seine Tochter in den Arm, anschließend dreht er sich zu mir um. „Mädchen, ich danke dir! Nur deinetwegen geht es den beiden gut. Falls ich also etwas für dich tun kann, sei so frei und äußere einen Wunsch."

Meine Güte, der kann ja auch charmant sein. Leider fällt mir spontan vor lauter Erleichterung kein Wunsch ein, den er mir erfüllen könnte, und so spiele ich mit dem Gedanken, mir für Cicero einen weniger prügelbereiten Lehrer zu wünschen. Aber selbst mir ist klar, dass das nichts bringen würde.

Als ich bemerke, dass mich alle erwartungsvoll anschauen, schüttle ich den Kopf und bedanke mich artig. Ich frage nach, welche Pläne er denn nun in Bezug auf einen möglichen Überfall von Flavus und seinen Männern hat.

Er erklärt mir, dass er Vorkehrungen zum Schutz des Gutshofs getroffen habe, es aber für unwahrscheinlich halte, dass Flavus einen Überfall plane. Denn die Villa sei praktisch nicht zu bezwingen. Offensichtlich sei die Gruppe von Flavus zu klein, sonst hätte er ohne Tricks angegriffen. Er habe auch schon einen neuen Suchtrupp Richtung *Sumelocenna* losgeschickt, der Luna finden soll. Er könne sich vorstellen, dass Flavus einfach nur Geld erpressen wolle.

Mich beruhigt das alles gar nicht und das sage ich ihm. Aber es ist deutlich, dass er mir zwar dankbar ist, aber nicht viel auf meine Meinung gibt. Er bittet mich zu gehen, nett ausgedrückt. Eigentlich schmeißt er mich raus.

Empört gehe ich mit Aurora nach oben. Während wir essen, klärt sie mich über Flavus auf: Er ist der Halbbruder des Gutsherrn, der Sohn einer Sklavin und ihres Besitzers. Auroras Großvater hat Flavus zwar immerhin zur Schule geschickt, aber als er zu aufmüpfig wurde, hat er seinen Sohn und dessen Mutter kurz und schmerzlos freigelassen und nach *Arae Flaviae* verfrachtet. Er hat ihn nie anerkannt, sodass er auch nichts geerbt hat. Der Hof und der ganze Besitz gingen an Auroras Vater, als der Großvater starb.

Wow! Flavus will sich also rächen und sich im Nachhinein noch einen Teil seines Erbes holen. War ja klar, dass mit dem blonden Riesen etwas nicht stimmt!

Aurora legt sich auf ihre Matratze und schläft sofort ein, während ich mich unruhig hin und her wälze. Die Nachtwache, der Fußmarsch und die Aufregung stecken mir zwar in den Knochen, aber ich kann das Gedankenkarussell nicht abschalten. Es rast. Wenn der Gutsherr recht hat, kann ich morgen entspannt das Zeitgebüsch suchen. Schließlich habe ich der Familie geholfen. Luna leider nicht, aber vielleicht war das ja auch gar nicht meine Aufgabe.

Irgendwann schlafe ich dann doch ein. Ich habe wirre Träume, in denen Opa zu Hause im Garten ein Pferd beschlägt und Oma Haselmäuse aus Schokolade serviert und mir erklärt, ihr Beiname sei Regina, die Königin.

Als ich aufwache, ist es schon hell und ich bin allein. Whisky und ich gehen nach unten, um zu sehen, was die anderen so treiben. Eine ältere Frau, die in der geöffneten Küchentür steht, begrüßt mich und fragt, ob ich Frühstück wolle. Als ich nicke, reicht sie mir ein Brot und einen Becher.

Kauend mache ich mich auf zu Fabricius' Werkstatt. Unüberhörbar arbeitet er, denn dumpfe Schläge schallen über das Gelände. Es herrscht fröhliche Betriebsamkeit und irgendwie ängstigt mich das. Ich schaue dem Schmied schweigend bei der Arbeit zu und versinke in dumpfen Gedanken. Warum nimmt mich das hier so mit? Es geht ja allen gut. Aber letztlich ist mir eben doch klar, dass es irgendwann ein blutiges Ende geben wird. Und ich kann nicht ausschließen, dass es auch Cicero und Aurora treffen wird.

Oder liegt es daran, dass mir bewusst ist, dass ich zu Hause recherchieren kann, bis ich schwarz werde? Ich werde niemals herausfinden, wie es den Geschwistern und ihrer Familie nach meiner Stippvisite ergangen ist. Wenn man nicht einmal genau weiß, welche Funktion die Villa Rustica hatte oder wer hier wirklich gelebt hat, dann werde ich über einzelne Bewohner sicher nichts erfahren. Auch bei Fabricius tut mir das sehr leid.

Genau der reißt mich jetzt aus meinen Gedanken: „Na, Enkeltochter, in welcher Welt treibst du dich denn herum?" Er grinst mich an und stupst mich so heftig, dass ich das Gleichgewicht verliere.

Ich sortiere meine großen Füße und grinse zurück. „Meinst du, Flavus hatte wirklich nur den Plan, Lösegeld zu erpressen?", frage ich ihn.

„Nun, ich hoffe es. Ich kann mich noch gut an Flavus als Kind erinnern. Er ist etwas jünger als ich. Eigentlich war er ein wunderbarer Junge. Die Ungerechtigkeiten des Lebens haben ihn zu dem Mann gemacht, der er heute ist. Obwohl er es von außen betrachtet gar nicht so schlecht hatte. Dank seiner Schulbildung hat er es zu einem gewissen Lebensstandard gebracht und er ist immerhin ein Freigelassener und kein Sklave mehr. Aber Neid kann viel Böses in Menschen auslösen."

„Fabricius?", druckse ich herum. Ich mag ihn gern und deshalb ist es schrecklich, dass ich weiß, was früher oder später mit seinem Zuhause passieren wird. Den Mund zu halten und ihn nicht vorzuwarnen, das schaffe ich einfach nicht. Er blickt mich fragend an und ich schlucke schwer. „Fabricius, die Villa Rustica … wird nicht ewig bestehen. Sie … sie wird von den Alemannen dem Erdboden gleichgemacht werden. Du solltest Vorsichtsmaßnahmen ergreifen. Versprichst du mir das?"

Nachdenklich schaut er mich an. Dann fragt er, ob ich mir sicher sei, dass das noch zu seinen Lebzeiten geschehen werde. Ich muss zugeben, dass ich das nicht bin. Schließlich kennt man das genaue Datum der Zerstörung gar nicht. Man vermutet, dass es um 259 oder 260 n. Chr. passiert ist.

Fabricius lächelt mich an und verspricht mir, aufmerksam zu sein und zur Not lieber zu flüchten als zu kämpfen. Er sagt es aber so, wie Opa zustimmt, wenn Oma ihn darauf hinweist, er solle mal zum Arzt gehen. Unnötig zu erwähnen, dass Opa eher selten beim Arzt ist, oder?

Unzufrieden suche ich das Weite, als er die Arbeit wieder aufnimmt, und gehe in den Kräutergarten. Ich krame das Büchlein aus dem Rucksack. Ich muss mich mit etwas anderem beschäftigen, deshalb bleibe ich eine Weile hier. Ich rieche an den Kräutern, probiere sie, zupfe das eine oder andere Blatt ab und presse es zwischen die Seiten des Führers.

Es klappt gut mit der Ablenkung und ich bin völlig versunken in die kleine Gartenwelt. Als ich aufschaue, wird mir bewusst, dass sich die Stimmung auf dem Hof geändert hat. Keine Spur mehr von heiterer Betriebsamkeit. Ich eile zum Haupteingang und gerate in ein völliges Chaos. Überall wuseln Menschen herum, die Kleidung, Lebensmittel und Waffen transportieren.

Fabricius kommt mir entgegen. Er schleppt einen schwer aussehenden Bronzekessel, der mit einigen Gegenständen aus Metall gefüllt ist. Als er mich sieht, sagt er, die Späher hätten bewaffnete Alemannen entdeckt, die sich zügig dem Gutshof nähern würden.

„Und was machst du mit dem Kessel?", frage ich ihn verblüfft. Das Ding kommt mir bekannt vor, wahrscheinlich stand es in seiner Hütte.

„Ich werde ihn vergraben, sobald die Herrin ihren Schmuck zusammengesucht hat. So sind unsere kostbaren Gegenstände in Sicherheit. Wir graben sie aus, sobald wir zurückkommen, und können dann den Hof neu aufbauen."

Opa hat mir erzählt, seine Mutter habe wertvolle Flaschen mit Alkohol vergraben, als gegen Ende des Zweiten Weltkriegs klar war, dass sie vertrieben werden würden. Sie ist später immer wieder über die Grenze geschlichen, um Schnaps zum Tauschen aus ihrem Versteck zu holen. Menschen auf der Flucht scheinen seit Jahrhunderten dieselben Überlebensstrategien zu haben.

Ich lege meine Hand auf Fabricius' Arm. „Denkst du daran, was du mir versprochen hast?", frage ich eindringlich.

Er schaut mich an und nickt langsam, aber bestimmt. „Achte auf dich, Mädchen!", raunt er mir zu, bevor er davoneilt.

Ich bleibe zurück, als einzige Unbewegliche in diesem betriebsamen Ameisenhaufen. Ausgerechnet in diesem Moment steigt das Wanderrätselgefühl in mir auf. Das passt jetzt gar nicht. Wie soll ich denn bei all der Hektik nachdenken?

Cicero kommt auf mich zu. Er ist blass und ihm ist deutlich anzusehen, dass er Angst hat. Sein Vater hat angeordnet, dass die Frauen und Kinder den Hof mit einigen Wachen sofort zu verlassen haben. Es sind zu viele Alemannen. Die Männer sind ohne Ausnahme zur Verteidigung eingeteilt.

Cicero soll seine Mutter und Aurora begleiten und auf sie achten. Zusammen gehen wir zu ihnen. Fabricius wartet bei der Gutsherrin, die gerade den letzten Schmuck im Kessel verstaut und das Werkzeug darüberlegt, um ihn wenigstens ein bisschen zu verstecken.

Ihr Mann erscheint und verabschiedet sich von seiner Familie. Als Auroras Mutter zu weinen beginnt, nimmt er sie in den Arm und sagt: „Mach dir keine Gedanken, meine Liebe. Wir werden zurückkommen und neu anfangen. Alles Wichtige ist im Kessel und garantiert uns das Überleben. Wir Römer lassen uns doch nicht unterkriegen!" Er streichelt ihren Rücken.

Inzwischen hat Fabricius den Kessel wieder hochgewuchtet, schnappt sich eine große Schaufel und setzt sich in Bewegung, als es mich wie ein Schlag trifft. Ich weiß plötzlich, woher ich diesen Kessel kenne: Er stand im Museum!

Endlich bringt mir die Führung doch etwas, denn daran erinnere ich mich genau: Die Bewohner haben den Kessel vergraben – als eine Art Sparbuch – und er wurde erst in unserer Zeit wiedergefunden. Das lässt darauf schließen, dass derjenige, der ihn zurückgelassen hat, keine Gelegenheit mehr hatte, ihn wieder aus der Erde zu holen.

Panisch renne ich Fabricius hinterher und brülle seinen Namen. Aufgrund des schweren Gefäßes kommt er nur langsam voran und ich hole ihn bald ein. „Fabricius, ihr müsst alle fliehen", japse ich. „Jetzt bin ich mir sicher! Das IST die entscheidende Schlacht und ihr werdet sie verlieren! Rette dein Leben und nimm mit, was du tragen kannst. Keiner von euch wird diesen Kessel je wieder ausgraben können."

Er zögert nicht einen Moment und winkt Cicero mit seiner Familie heran. Ich wiederhole meine Warnung und offensichtlich glauben sie mir. Die Eltern und Fabricius schauen sich in stillem Einverständnis an. Als der Gutsherr nickt, packt seine Frau den Schmuck aus und Fabricius nimmt einige der Werkzeuge aus dem Kessel und steckt sie unter seine Tunika.

„Kein Blutvergießen wegen des Hauses – wir können uns ein anderes bauen", sagt die Gutsherrin leise zu ihrem Mann und er nickt zustimmend.

„Ich denke, ich vergrabe ihn trotzdem, falls sich unsere Schutzgöttin hier um ein paar Hundert Jahre vertippt!" Fabricius zwinkert mir zu.

Das muss er auch. Wie sonst soll der Schatzhort später seinen Weg ins Museum finden?

Fabricius gibt mir einen Kuss auf die Stirn und flüstert: „Wir sehen uns, Enkeltochter. In diesem oder einem anderen Leben!" Er schultert den Kessel und geht. Mit Tränen in den Augen schaue ich ihm nach. Ich werde ihn wahrscheinlich nicht wiedersehen.

Zwölftes Kapitel, in dem die Alemannen kommen

Ich schließe mich den anderen an, die schwer beladen zum unteren Tor hinauseilen. Was mir Sorgen macht, ist die Tatsache, dass ich mich von meinem Zeitgebüsch entferne, denn das liegt deutlich weiter bergauf. Wie, liebste Ururoma, komme ich denn nach Hause? Was um alles in der Welt mache ich, wenn das Gebüsch während der Schlacht in Flammen aufgeht? Lieber nicht darüber nachdenken.

Dazu habe ich auch keine Gelegenheit mehr, denn ein Mann nähert sich der Familie. Er scheint ein Späher zu sein. Er meldet, dass er Flavus, Alwin und Luna bei den Alemannen gesehen habe. Alwin und Luna sind gefesselt und werden bewacht, aber sie sind am Leben.

„Ich werde sie holen, Liebes", sagt der Gutsherr zu seiner Frau. Sie lächelt ihn an und seufzt. Cicero verkündet entschlossen, er werde seinen Vater begleiten, aber der lehnt entschieden ab. „Achte auf deine Mutter und deine Schwester. Das ist mir die größere Hilfe. Ich will nicht die eine Tochter retten und dabei die andere verlieren!"

Für mich wäre es allerdings sinnvoll, mich ihm anzuschließen, denn ich muss mein Gebüsch suchen. Mein Gefühl sagt mir ganz klar, dass mein Job getan ist. Ich habe ein Riesengemetzel verhindert, da der Gutshof bekanntermaßen nicht zu retten gewesen wäre. Es wäre nur unnötig Blut vergossen worden.

„Ich komme mit", erkläre ich. Als Ciceros Vater ablehnen will, unterbreche ich ihn sofort: „Du bist nicht für mich verantwortlich und du triffst keine Entscheidungen für mich!" Vielleicht etwas frech, aber ich habe keine Wahl, wenn ich wieder nach Hause möchte. Das schiebe ich erklärend hinterher und da er definitiv nicht genug Zeit hat, um mit mir zu diskutieren, nickt er nur unwillig und setzt sich in Bewegung.

Eilig muss ich mich verabschieden. Gerade bei Aurora fällt mir das schwer, sie ist mir richtig ans Herz gewachsen. Ich umarme sie fest und spüre, wie mir die Tränen kommen. Sie küsst mich auf beide Wangen und hat ebenfalls Tränen in den Augen. Mit einem dicken Kloß im Hals lasse ich sie los und wende mich an Cicero. Der hat zwar oft genervt, aber es ist trotzdem nicht leicht, ihn hier zurückzulassen. „Komm mich doch mal wieder in meiner Zeit besuchen, wenn das hier vorbei ist!", schlage ich ihm betont locker vor. Er grinst schief. Dann drehe ich mich um und gehe.

Der Gutsherr wartet ungeduldig einige Hundert Meter entfernt. Er hat zehn bewaffnete Männer bei sich und ich folge ihnen den Berg hinauf. Ich habe Angst, auch wenn ich mich gerade so lässig gegeben habe. Die Aussicht auf einen Haufen Alemannen lässt mich zittern, vor allem, da ich unbestreitbar aussehe wie eine Römerin.

Einer der Späher, der vorausgegangen ist und den genauen Aufenthaltsort von Luna herausgefunden hat, kommt gerade zurück und erstattet flüsternd Bericht. Wie hat sich Lunas Vater das eigentlich vorgestellt? Will er mit seinen zehn Männern ins feindliche Lager spazieren und sein Töchterchen rufen? Aber die Worte des Spähers machen klar, dass das gar nicht nötig sein wird. Denn die Alemannen haben Luna und Alwin nur von zwei Männern bewacht zurückgelassen. Vermutlich hatte Flavus es in seinem Rachewahn zu eilig, da wären die Geiseln nur ein Klotz am Bein gewesen.

Wir folgen dem Späher quer durch den dichten Wald. Wieder stolpere ich über Wurzeln und Erdlöcher und gebe mir Mühe, den Männern hinterherzukommen. Eigentlich entfernen wir uns viel zu schnell vom Gutshof, als dass ich eine Chance hätte, mein Zeitgebüsch wiederzufinden. Ich werde bei jedem Schritt, der uns weiter weg führt, ein bisschen nervöser. Vielleicht sollte ich mich von den anderen trennen? Aber das Risiko, den Männern von Flavus ohne Schutz in die Hände zu fallen, ist mir zu groß.

Endlich erreichen wir den Lagerplatz der Alemannen. Ich erkenne Luna sofort, sie sieht Aurora wirklich ziemlich ähnlich. Sie wirkt mitgenommen, scheint aber nicht verletzt zu sein. Alwin hingegen hat es noch schlimmer erwischt als beim letzten Mal. Er liegt blutig und bewusstlos mit dem Kopf auf Lunas Schoß.

Die beiden Wachen lehnen entspannt an einem Baum, bis sie uns bemerken. Angesichts unserer Übermacht versuchen sie nicht einmal, sich zu wehren, sondern ergreifen sofort die Flucht.

Luna hält ihrem Vater erleichtert ihre gefesselten Hände und Füße entgegen. Er schneidet die Schnüre durch und sie fällt ihm um den Hals. Behutsam küsst er ihre Stirn.

Dann verfinstert sich sein Blick und er schaut zu Alwin. Gerade will er ihn packen. Ich schnappe entsetzt nach Luft.

„Vater! Nicht! Er hat mich gerettet!", schreit Luna da mit schriller Stimme.

Ich stelle mich ihm vorsichtshalber in den Weg, denn der Gutsherr sieht im Moment nicht sehr dankbar aus. Wutschnaubend bleibt er nur wenige Zentimeter vor mir stehen.

„Wunsch frei?", frage ich leise.

„Überspanne den Bogen nicht, Maia!", knurrt er mich an.

„Na, immerhin lebt Luna noch und sehr gefährlich scheint Alwin im Moment nicht zu sein, oder?", gebe ich äußerlich unbeeindruckt zurück. Innen sieht es anders aus, Herz in der Hose und so. Aber das muss er ja nicht wissen.

Während ihr Vater sich langsam abregt und seine Männer die Umgebung sichern, erzählt Luna, was sie weiß: Alwin hat sie im Auftrag von Flavus entführt, als sie in *Sumelocenna* beim Einkaufen war. Sie wurde in die Nähe der Villa Rustica gebracht, um ihren Vater vom Hof zu locken. Doch plötzlich hatte Alwin Mitleid mit Luna und half ihr bei der Flucht. Weit kamen die beiden allerdings nicht. Flavus' Männer holten sie ein und es spielte sich die unschöne Szene ab, die ich mit angesehen habe.

Vor wenigen Stunden tauchte „Onkel Flavus" zornig im Lager auf, den verletzten Alwin im Schlepptau. Der war die meiste Zeit bewusstlos, sodass Luna nicht sagen kann, was mit ihm geschehen ist. Was sie allerdings weiß, ist, dass Flavus einen riesigen Trupp an Alemannen dabeihat, die er aus den Gebieten nördlich des Limes rekrutiert hat.

Die Alemannen haben Lunas Stadt also gar nicht überfallen und ihr Mann war auch nie verschwunden. Er ist geschäftlich auf Reisen und hat vermutlich bis jetzt keine Ahnung, was mit seiner Frau geschehen ist.

Lunas Vater hört sich alles an. Anschließend blickt er wieder auf Alwin. „In Ordnung. Im Zweifel für den Angeklagten!", brummt er. Und fügt hinzu: „Wir müssen weiter, sonst verlieren wir noch den Anschluss. Kommt!"

Luna sieht ihren Vater bestürzt an. „Aber du kannst ihn doch nicht hier im Wald liegen lassen. Dann wird er sterben!"

„Wenn das der Wille der Götter ist", antwortet er.

Nach einer kurzen Pause erhebt Luna sich, schnee-weiß im Gesicht, aber entschlossen. „Mach's gut, Vater!", sagt sie mit fester Stimme. „Er hat sein Leben für mich riskiert. Ich kann ihn nicht einfach seinem Schicksal überlassen. Das würde ich mir nie verzeihen!"

Ihr Vater seufzt. „Du bleibst ganz bestimmt nicht hier – das erlaube ich nicht! Schon allein, weil deine

Mutter mich den Löwen zum Fraße vorwirft, wenn ich ohne dich zurückkomme, obwohl ich dich gefunden habe." Er zögert einen Moment. „Nun gut, wir nehmen ihn mit", entscheidet der Gutsherr und wendet sich dann an mich: „Und wie werden wir dich endlich los, Göttermädchen?", fragt er, während seine erleichterte Tochter erneut an seinem Hals hängt.

„Keine Ahnung", sage ich grinsend. „Ich schlage vor, wir schauen uns mal die Gebüsche rund um den Gutshof an?"

Er nickt zustimmend.

Zwei seiner Männer nehmen Alwin hoch, nachdem ich ihn – zum hoffentlich letzten Mal – medizinisch versorgt habe. Ich habe kein steriles Verbandsmaterial mehr und kaum noch Schmerztabletten. Die letzten drücke ich Luna in die Hand, die sich erst jetzt zu wundern scheint, wer ich bin und was ich mit Alwin tue. Bisher war sie zu beschäftigt. Aber für lange Erklärungen ist keine Zeit. Wir brechen auf und marschieren durch den Wald.

In der Nähe der Villa Rustica fangen wir systematisch an, nach dem Gebüsch Ausschau zu halten. Eine Nadel im Heuhaufen ist nichts dagegen. Die Suche zieht sich. Wertvolle Zeit verstreicht. Die Stimmung verschlechtert sich von Minute zu Minute.

Plötzlich schreit Luna entsetzt auf und zeigt aufgeregt in den Himmel, wo eine schwarze Rauchwolke über dem Wald steht. Kurz darauf kommt einer der Späher zurück und erstattet Bericht: Die Alemannen um Flavus haben den Hof gestürmt und in Brand gesetzt. Lunas Vater beißt so fest die Zähne zusammen, dass man es knirschen hört.

„Warum zerstört er den Hof? Was hat er denn davon?", frage ich ratlos. „So kann er ihn doch gar nicht nutzen."

„Flavus will Rache!", stößt der Gutsherr aus. Er atmet mehrmals laut ein und aus und geht mit geballten Fäusten hin und her. Schließlich zieht er Luna hoch, die leise schluchzend auf dem Boden sitzt, und nimmt sie in den Arm. „Ich habe seine Wut unterschätzt. Flavus zerstört alles, was ihn an deinen Großvater erinnert. Aber wir sind am Leben. Das ist es, was zählt. Dank Maia können wir uns woanders ein neues Leben aufbauen."

Er streichelt Lunas Kopf und schaut mich an. Ich kann mir vorstellen, was er denkt, und er hat recht: Es wird bald dunkel, alle haben Hunger und seine Männer begeben sich nicht nur in die Gefahr, den Alemannen in die Arme zu laufen, sondern auch, ihre Familien für immer zu verlieren. Das kann ich nicht mit meinem Gewissen vereinbaren. Ich schlage tapfer vor, dass sie weiterziehen. Er zögert nur kurz, denn es muss sein. Hier hält sie nichts mehr. Die Villa Rustica ist Geschichte.

Wir verabschieden uns. Dann fahre ich mit der Suche fort. Whisky weicht mir nicht von der Seite. Die Rauchwolke bringt einen beißenden Geruch mit sich, der mich zu mehr Eile antreibt. Der Gedanke, dass ich jetzt noch den Alemannen begegne, macht mich ganz verrückt. Ich muss eine Pause einlegen, um mich wieder zu beruhigen. In meinem Zustand würde ich es wohl nicht einmal merken, wenn ich direkt neben dem Gebüsch stehen würde.

Hastig hole ich den Zwieback aus meinem Rucksack und stopfe mir gierig drei Scheiben hintereinander in den Mund. Arme Whisky, die hat sicher auch Hunger. Meinen Zwieback verschmäht sie aber.

Beim Wühlen im Rucksack ist die Hälfte des Inhalts herausgefallen. Als ich die Schnur zurückstecken will, fängt Whisky an, damit zu spielen.

„Hör auf, Süße. Hilf mir lieber!", sage ich zu ihr und muss ein wenig schmunzeln. Aufmerksam schaut sie mich an, als erwarte sie den Befehl zum Fährtenlesen. Kann sie haben! Ist zwar unwahrscheinlich, dass es funktioniert, aber einen Versuch ist es wert. „Such, Whisky!", zische ich und wedle mit der Schnur in der Hand vor ihrer Nase herum.

Sie saust eifrig los und meldet kaum dreißig Sekunden später Erfolg. Völlig verdattert entdecke ich den knorrigen Baum mit den zwei Stämmen. Eindeutig eine komplizierte Schleife, die da im Nachbargebüsch im Wind wackelt. So ein kluger Hund!

Aufgeregt schnappe ich mir den Rucksack und renne zu ihr. Schnell weg hier! Ich bilde mir schon ein, raue

Männerstimmen zu hören, die näher kommen. Die Finger in Whiskys Nacken stelle ich mich vor das Gebüsch und denke ganz fest an zu Hause. Die Landschaft verändert sich. Es funktioniert. Gott sei Dank!

Vor mir taucht die Straße zum Parkplatz auf. Und unten in der Kurve steht Opa, als wäre nichts passiert. Mein Herz läuft über vor Freude, ihn wiederzusehen. Sein strahlendes Lächeln verblasst langsam, als er bemerkt, wie ich aussehe: römische Klamotten und eine neue Frisur, die Hände fest in Whiskys Fell gekrallt.

„Nein!", sagt er laut. „Nein! Das kann ja wohl nicht wahr sein!"

Ich renne auf ihn zu und werfe mich in seine Arme. „Oh doch, Opa! Oh doch!"

Danksagung

Und wieder bin ich völlig überwältigt: Mein Buch wurde gelesen. Von dir! Danke dafür!

Wenn man beginnt, eine Geschichte zu schreiben, hofft man natürlich immer, dass sie nicht ungelesen in einer Schublade liegen bleibt. Erneut einen Verlag zu finden, der mein Buch veröffentlicht, fühlt sich an wie ein Sechser im Lotto.

Im Besonderen danke ich für das unermüdliche Durchsehen des Manuskripts und die tolle Unterstützung, die ich beim Schreiben erlebt habe:

Manu und Dirk – fleißige Probeleser und leicht zu begeistern.

Martha – zuverlässig auf der Jagd nach Rechtschreibfehlern und Kommaverwirrungen.

Meinen Cappuccino-Mädels – danke für das Interesse, die Unterstützung und das Mitfreuen.

Regga – Du bist selbst in harten Zeiten immer bereit, ein paar neue Seiten zu lesen und zu kommentieren. Regina müsste eigentlich Kriegerin heißen: Du warst mutig und tapfer und gibst nicht auf. Ich bin stolz auf dich!

Mama und Papa – willige Erstleser und stolz auf mich. Das ist auch in meinem Alter noch wunderbar!

Ben und Lena – Hier ist sie endlich, meine neue Geschichte. Und immer noch gilt: Ihr macht mein Leben hell und farbenfroh!

Dani – Du bist mein Fels in der Brandung! Nicht nur, aber auch beim Schreiben.

Leseprobe aus:

Gabriele Beyerlein,

Ins Mittelalter und zurück

Schulausgabe erschienen im
Hase und Igel Verlag, München
ISBN 978-3-86760-175-7
Begleitmaterial für Lehrkräfte
ISBN 978-3-86760-475-8

Feierabend. Ein Bauarbeiter nach dem anderen klettert
die Schildmauer hinunter. Wieder warte ich, bis alle
unten angekommen sind, damit ich die Leiter für mich
allein habe.

Jetzt hat auch der letzte den Boden erreicht. Rückwärts
taste ich mit dem Fuß nach der ersten Sprosse, halte
mich gut fest. Da fällt mein Blick auf eine Öffnung im
Bergfried ein Stückchen oberhalb der Schildmauer.
Vielleicht wird das einmal eine Tür, wenn die Mauer
fertig gebaut ist. Und plötzlich …

Ich schaue nach unten zu den Arbeitern. Alle unterhalten sich aufgeregt über die Sache mit Käthe. Auch
die Wächter, die ihnen die Tür zum Torbau öffnen,
reden lautstark über den „unerhörten Diebstahl".

Meine Beine reagieren ganz von allein. Ich klettere
zurück auf die Mauer, schleiche geduckt zu der Öffnung
im Bergfried und ziehe mich hinauf. Klar, vom Turm
aus muss es doch einen Zugang ins Innere der Hauptburg
geben. Ein letzter Blick nach unten: Die Bauarbeiter

verlassen gerade den Torbau über die Zugbrücke. Keiner vermisst mich. Ich schlüpfe durch die Öffnung und kauere mich im Bergfried in einen dunklen Winkel. Oben im Turm höre ich Schritte, die auf und ab gehen, und zwei Männer, die sich unterhalten. Bestimmt sind das Wächter.

Plötzlich bekomme ich solch eine Angst, dass ich schreien könnte. Wie konnte ich nur so wahnsinnig sein, hier einzusteigen? Das habe ich doch gar nicht geplant! Aber jetzt bin ich tatsächlich im Turm der Hauptburg, in der ich nie und nimmer sein dürfte!

Zurück kann ich nicht mehr. Das Tor ist geschlossen und die Zugbrücke hochgezogen. Und wenn ich entdeckt werde? Ein Aufenthalt in der Hauptburg ist mit Sicherheit strengstens verboten, wenn man normalerweise nicht einmal in den Ersten Vorhof darf. Was hab ich nur gemacht?

Mein Herz klopft wie verrückt.

Käthes Herz klopft bestimmt noch viel schlimmer.

Ich kann sie nicht im Stich lassen. Sie hat mich ja auch nicht im Stich gelassen. Wenn ich schon einmal hier in der Hauptburg bin, dann muss ich mit der Herzogstochter Elisabeth reden.

Was ich ihr sagen soll, weiß ich allerdings nicht. Und wie ich sie finden soll, schon gar nicht. Aber wenn ich hier im Dunkeln sitzen bleibe und mich nicht weitertraue, dann finde ich sie auf keinen Fall. Ich hole tief Luft.

Auf Zehenspitzen schleiche ich zur Wendeltreppe und bleibe immer wieder stehen, um zu lauschen. Dann steige ich leise Stufe für Stufe nach unten. Schließlich erreiche ich den Burghof. Um mich herum stehen gewaltige Gebäude und hohe Mauern.

Es wird Nacht und ich bin im Innersten der Hauptburg. Jeden Augenblick kann mir der Herzog oder ein Wächter über den Weg laufen! Ich lehne mich von außen an den Turm, drücke mich an das kalte Mauerwerk. Meine Knie sind so weich, dass ich mich kaum aufrecht halten kann.

Lieber Gott, hilf mir! Es ist doch für Käthe!

Allmählich fange ich mich wieder. Ich schaue mich um. Ein sehr großes, hohes Haus mit Außentreppe ist direkt an den Turm gebaut. Aus den Fenstern im zweiten Stock dringen Licht, Musik und Stimmen. Ich lausche.

Ich glaube, da wird gefeiert, und zwar nicht nur von fünf oder zehn Leuten, sondern vielleicht von fünfzig oder hundert. Ob Elisabeth unter ihnen ist?

Dort drinnen kann ich auf keinen Fall mit ihr reden. Ich muss im Burghof darauf warten, dass sie vielleicht herauskommt. Wenn ich nur wüsste, wo ihr Zimmer ist!

Hätte ich doch zugehört, als Mama aus dem Reiseführer vorgelesen hat! Und hätte ich mir die Bilder und Pläne mal angeschaut, die sie mir dauernd zeigen wollte! Dann wüsste ich jetzt, wo die Kemenate ist, das Zimmer

– Leseprobe –

oder das Gebäude, in dem die Frauen gewohnt haben. Das Wort kenne ich aus meinem Mittelalter-Buch. Aber was nützt mir das, wenn ich nicht weiß, wo die Kemenate hier liegt?

Im Haus gegenüber ist eine Fensterreihe im ersten Stock schwach erleuchtet. Auch dort führt eine Außentreppe hinauf. Angestrengt versuche ich, etwas zu erspähen. Nichts regt sich. Ich warte und warte und warte. Da – eine Gestalt bewegt sich hinter einem der Fenster. Sie trägt einen Leuchter. Ihr folgt ein Mädchen in einem rot-blauen Kleid!

Ohne nachzudenken, laufe ich los, steuere über den Hof auf das Haus zu, in dem ich Elisabeth gesehen habe. Da öffnet sich eine breite Tür im Erdgeschoss und eine rundliche Frau tritt heraus, eine Laterne in der Hand. Sie kommt auf mich zu und leuchtet mir genau ins Gesicht.

Schnell trete ich zur Seite, weiß nicht, was ich tun soll. Da sehe ich die Reihen von Holzscheiten, die an der Mauer aufgeschichtet sind, ein Korb liegt daneben. Ich renne hin und beginne wie wild Holz in den Korb zu legen, als wäre das meine Aufgabe.

„Du da, Junge!", ruft die Frau hinter mir her. Ich tue so, als würde ich sie nicht hören. Da ruft sie noch lauter: „Bist du der neue Küchenjunge in der Dürnitz?"

Ich habe keine Ahnung, was die Dürnitz ist, sage aber schnell: „Ja." Was bleibt mir anderes übrig?

„Gut!", ruft sie. „Dann komme her und gehe mir in meiner Küche in der Kemenate zur Hand! Der Meisterkoch der großen Küche in der Dürnitz hat genug Köche und Helfer, er wird dich schon einmal entbehren können! Wenn er dir morgen die Ohren langziehen will, dann berufst du dich auf mich. Ich habe noch etwas gut bei ihm. Und jetzt hurtig, bringe das Holz in meine kleine Küche und schüre das Feuer nach! Der Herr Herzog will ganz privat mit meiner lieben gnädigen Frau und den edlen Fräulein in der Kemenate speisen und dafür muss ich aus dem Stand ein festliches Mahl bereiten! Ich hatte doch keine Ahnung, dass er heute von Landshut herüberkommen und bei meiner edlen Frau Herzogin das Nachtmahl einnehmen würde! Nie sagt man mir vorher, wann er erwartet wird und ob er mit dem Hofstaat im Saal der Dürnitz speisen wird oder ob er im Familienkreis in der Kemenate zu essen geruht und ich für ihn auftischen muss!" Sie schüttelt den Kopf, winkt mir, dass ich ihr folgen soll, und murmelt noch weiter vor sich hin.

Hinter ihr her gehe ich durch die Tür und steige eine Treppe hinunter. Dann führt sie mich in ein verrauchtes, verrußtes und überhitztes Gewölbe. So ein dunkles Loch von Küche habe ich noch nie gesehen!

Ehe ich weiß, wie mir geschieht, bin ich damit beschäftigt, Holz auf ein offenes Feuer nachzulegen, über dem an einer Kette ein Kessel mit Suppe hängt.

– Leseprobe –

Und dann stehe ich an einer zweiten Feuerstelle und muss zwei Spieße über der Glut drehen, an denen irgendwelche größeren Vögel gebraten werden.

„Immer schön langsam und gleichmäßig drehen!", befiehlt die Köchin und ich gebe mein Bestes, damit nicht auffällt, dass ich so was zum ersten Mal in meinem Leben mache. Zum Glück muss ich nicht Fische ausnehmen wie Gretel, das Mädchen, das vor mir die Spieße gedreht hat. Da würde gleich herauskommen, dass ich kein Küchenjunge bin. Mir läuft der Schweiß von der Stirn. Nicht nur wegen der Gluthitze hier …

Offensichtlich bin ich hier in der Kemenate, in demselben Haus wie Elisabeth, und drehe die Spieße für ein Essen, das sie zu sich nehmen wird. Aber ich weiß noch immer nicht, wie ich es anstellen soll, mit ihr zu reden.

Ein Junge kommt in die Küche. Er muss ungefähr so alt sein wie ich. Sehr vornehm sieht er aus, jedenfalls ganz anders als die Jungen, die ich in der Stadt gesehen habe. Er trägt eine Art eng anliegende rote Strumpfhose mit bunten Streifen an den Außenseiten und Lederschuhe mit überlangen Spitzen, die wie Schnäbel aussehen und ziemlich unpraktisch sein müssen. Dazu hat er ein feines Jäckchen an, das nicht einmal über den Po reicht und in der Taille mit einem Gürtel gebunden ist, an dem ein Messer hängt. Seine Haare fallen ihm in kunstvollen Locken bis auf die Schultern, auf seinem Kopf sitzt eine seltsame gestreifte Mütze.

– Leseprobe –

„Man hat mir befohlen, die Suppe aufzutragen", verkündet er. „Und das edle Fräulein Elisabeth wünscht einen Reisbrei mit Mandeln zum Nachtisch."

„Ja, die Suppe ist fertig", erwidert die Köchin, „fülle sie ein, Gretel! Und dann laufe in den Vorratskeller und hole die Milch und ein Töpfchen Honig hinzu, damit der Reisbrei schön süß wird, wie ihn das edle Fräulein gern mag! Hier, Page, nimm auch das Brot mit! Und jetzt geh, hurtig, hurtig! Wir wollen doch die hohen Herrschaften nicht warten lassen!"

Da erst kapiere ich, dass dieser Junge ein Page ist, der genau in den Raum geht, in dem sich Elisabeth aufhält. Fieberhaft arbeitet es in meinem Kopf, dann sage ich schnell: „Entschuldigung, aber ich muss mal, ganz dringend!", und stürze hinter dem Pagen her. Ich höre noch das Schimpfen der Köchin, dann fällt die Tür ins Schloss.

Der Page ist mit der großen Suppenschüssel und dem Brotkorb schon die Kellertreppe hinaufgegangen und in den Burghof getreten. Ich schleiche ihm nach. Ich drücke mich an die Wand und sehe, wie er die Außentreppe an der Kemenate hinaufsteigt. Durch das offene Portal im ersten Stock verschwindet er. Ich husche hinter ihm die Treppe hinauf, komme in einen langen, breiten Gang mit vielen Türen auf der einen Seite und noch mehr Fenstern auf der anderen. Im flackernden Licht der brennenden Fackeln, die an einigen Stellen an der

Wand stecken, kann ich gerade noch erkennen, durch welche Tür der Page geht. Dann drehe ich mich um und renne in die Küche zurück.

„Na, wenigstens warst du schnell", murrt die Köchin. „Und jetzt wieder an die Spieße, sonst brennen mir die schönen Rebhühner an!"

„Ist recht", sage ich und drehe und drehe. Meine Gedanken drehen sich auch. Mit mehr Glück als Verstand bin ich ganz in die Nähe von Elisabeth gelangt und weiß, wo sie sich aufhält. Aber wie soll ich es anstellen, mit ihr zu reden? Und in welche Gefahr bringe ich mich, wenn ich es tue?

Ein Wort von ihr zu ihrem Vater und ich lande vielleicht selber im Hexenturm! Und wie soll ich dann je wieder heimkommen?

Aber auf einmal ist so ein Gefühl in mir: Wenn ich alles tue, um Käthe zu helfen, dann wird auch mir geholfen. Bestimmt. Hoffentlich.